KB056891

행복을 부르는 52가지 비법

정덕모

"행복을 만나는 시간 15분"

= 책머리에=

'행복을 만나는 시간 15분'이라는 책을 만나신 건 행운이라고 생각하시지요. 행복해지는 방법을 이렇게 간단, 명료하게 정리한 책은 없을 것이기 때문입니다. 행복도 아는 만큼 보이고 누릴 수 있습니다. 모두 곳곳에 숨어있는 행복을 샅샅이 찾아내시어 행복을 마음껏 누리며 사시면 좋겠습니다. 이 책이 그런 역할을 해주리라 생각하니 감사하고 기쁩니다.

행복하다고 생각한 것이 언제부터였을까요?
젊은 날은 얼마나 행복한 시절이었는지 모른 채 보냈고 아이들의 재롱도 제대로 행복으로 느끼지 못하고 지나가 버렸습니다.
마음공부를 한 이후에야 행복은 늘 내 곁에 있었음을 알게 되었고 지나간 시간들이 아쉬웠습니다. 행복이 무엇인지 알게 되니 내가 매일 행복을 누리며 살고 있다는 사실이 보였고, 소소한 일상이 행복의 99%임을 알게 되었습니다. 행복공부를 안 했다면 있는 그대로 행복한 존재임을 모르고 살다 세상을 떠나갈 뻔했습니다.

사는 게 힘들다고 생각하던 2011년 7월, 함양의 '동사섭 행복마을' 여름 수련에 처음 참석했습니다. 그리고 그 감동이 2017년까지 쭈욱 이어지며 수련을 반복했고 여러 공부 과정을 마치며 수련 지도자로, 봉사자로 활동을 하게 되었습니다.

눈뜨면 맞아주는 지리산 자락은 녹색의 편안함과 풀과 꽃의 향기를 마음껏 누리게 해주었고, 건강한 식사와 또 다른 자연은 존재 그대로의 평화로 삶의 행복감을 더해주었습니다. 수련 때마다 마주하는 주제들은 삶을 다시 돌아볼 기회를 주었고, 새로운 각도에서 바라볼 수 있는 눈도 뜨이게 해주었습니다. 전국에서 오시는 남녀노소 수련생들과 인생을 나누며 다양한 삶을 접하니 마음이 열리고, 걱정거리들이 버려졌습니다.

그렇게 행복을 차곡차곡 쌓아가고 있을 즈음, 예기치 않던 병과의 만남, 코로나로 인한 대면 수련의 중지로 삶의 변곡점을 맞게 되었습니다.
아쉬움으로 늘 내가 공부한 행복을 사람들과 나누고 싶다는 마음이 있었습니다. 지극히 원하면 이루어진다더니 우연히 SNS소통연구소와 인연을 맺게 되었고, 이종구 대표님의 배려로 2020년 8월 26일부터 행복특강을 시작하게 되었습니다. 1강 인생 삼박자를 시작으로 매주 1강씩, 2021년 9월 8일 51강 맑은 물 붓기로 행복특강 마무리를 했습니다. 그렇게 1년간 강의한 원고를 정리하여 이렇게 책이 탄생하게 된 것입니다.

이런 크고 작은 인연들이 없었다면 이루어질 수 없는 일이었으니, 주어진 인연에 감사하고 우주에 있는 기적의 에너지에 감사할 뿐입니다. 나쁜 일인 줄만 알았던 불행한 일과 코로나라는 걸림돌까지도 다른 일의 디딤돌이 되어주는 우주의 기적을 체험하는 좋은 기회가 되었습니다.

이 책은 어떻게 읽으면 좋을까요? 읽고 싶은 꼭지부터 마음가는대로 읽으시면 됩니다. 읽은 후에 실천을 통해 나를 바꾸는 계기로 삼는 게 중요하지요. 세상에서 처음 나온 눈과 귀로 듣고 볼 수 있는 종이책이므로, 이 탁월한 장점을 충분히 즐기시면 더욱 좋겠습니다. 종이책으로 강의를 들을 수 있다니 참으로 놀라운 세상이지요.
행복은 생각과 말과 행동을 어떻게 하느냐에 따라 바뀔 수 있는 마음 근육운동의 결과입니다. 불행한 사람은 불행한 습관과 불행 근육을 꾸준히 키운 것이고, 행복한 사람은 행복한 습관과 행복 근육을 끊임없이 키운 결과입니다. 그러니 이 책은 한번 읽고 책장에 꽂아두면 안 됩니다. 자주 꺼내 다시 듣고 읽어보며 실천을 해야 행복이 내 것이 될 수 있습니다.

이렇게 1년 52주를 해보면 어떨까요? 행복이 온전히 내 삶이 되어질 것입니다. 이 책에 소개한 행복도구들을 마음에 장착하고 살아가신다면 "어떤 어려움이나 힘든 일이 생겨도 그럴 수도 있지." 하게 되실 것입니다. 또한 이것도 다 지나가리라 하며 느긋하게 삶의 과정들을 즐기고 바라볼 수 있는 넉넉한 마음이 절로 되어 질것이라 믿습니다.

이렇게 귀한 책이 나오게 된 것에 감사해야 할 분들이 많습니다.

가장 감사해야 할 분은 '동사섭 행복마을의 이사장님이신 용타 스님'이시지요. 우리 모두의 행복을 위하여 끊임없이 사유하고 사색하시어, 간단 명료 적절하게 행복의 방법을 제시해 주시고 함양에 공부할 수 있는 장(場)을 마련해주신 은혜에 두 손 모아 감사 올립니다.

그리고 강의할 수 있도록 장소를 제공해주시고, QR코드로 듣고 볼 수 있는 책을 탄생할 수 있게 애써주신 SNS 소통연구소의 이종구 소장님께 깊은 감사를 드립니다. 또 강의를 끝까지 들어 주시고, 피드백과 격려와 촬영에 도움을 주신 SNS소통연구소의 스마트폰 명강사님들께도 감사드립니다.

살아오며 자신의 입장에서 옳고 그름을 따지고, 자신의 상황에 안 맞추면 화를 내며 지적을 해주신 분들께도 감사드립니다. 나를 성숙시키고 스스로 서게 하는데 큰 힘이 되어 주었습니다. 언제나 행복의 원천이 되어 주는 가족 모두에게 깊이 감사드립니다.

지금까지 더불어 살아가시는 인연있는 모든 분들, 매일 일어나는 다양한 삶들, 모든 사물에게 큰 절로 감사 올립니다. 어려웠던 여러 가지 상황과 걸림돌들이 디딤돌 되어 공부할 계기가 되었고, 행복이란 큰 선물을 받게 해주었습니다. 어려움을 겪으며 주변의 이해와 지지와 격려가 얼마나 소중한지를 알게 되었고, 그러므로 다른 사람들을 이해하고 지지, 격려해주는 힘도 생겼습니다.

무엇이든 잘하고 싶다면 원리를 배우고 배운 것을 복습하는 길밖에 없습니다. 한 번 읽고 그냥 덮어두지 마세요. 여러 번 읽고, 듣고, 실천하며 52개의 행복비법을 내 것으로 만들어 인생의 순간순간을 행복하게 살아가시길 두 손 모아 '기전향' 올립니다.

그리고 시간을 내어 함양 '동사섭 행복마을'에 한번 다녀오시기를 권해드립니다. 인생에 가장 의미 있는 행복여행이 되실 것입니다. 매사에 지속하고 기뻐할 수 있다면, 존재하는 것만으로도 행복이 넘치는 감사한 일입니다. 새싹 돋는 봄날도, 한여름의 따가운 햇살도, 쓸쓸히 부서지는 가을의 낙엽도, 차갑게 얼어붙는 겨울도 넘치는 감사이고 행복입니다.

매일, 하루란 선물을 새롭게 맞을 준비를 하며 내게 일어나는 모든 일들을 두 팔 벌려 환영하고 안아주세요.

목표가 없는 사람에게는 행복이 오지 않습니다. '나는 반드시 행복하게 살아 가리라.' 하는 삶의 목표를 세워야 세상의 모든 행복과 행운을 누리며 살아갈 수 있습니다. 여러분이 바로 행복과 행운의 주인공이 되시기를 기원합니다.

이 책과 인연 맺으신 모든 분들, 열정 도전 받아들임이 있는 자유롭고 행복한 나날이 되시기를 기전향 합니다.

 고맙습니다. 사랑합니다. 축복합니다. 행복하세요.

 오늘 맺은 인연, 오래오래 행복한 삶으로 함께 하시기를 기도합니다.

2022년 1월

홍유릉 있는 금곡마을에서

정덕모 올림

목차

I 행복은 나의 선택

II 도대체 행복은 무엇일까?

Ⅲ 삶의 5대 원리

Ⅳ 명상으로 생각과 마음 넓히기

인생 삼박자

인생은 짧다.
머뭇거릴 것 없이 일단 시작하라.
시작이 반이다.

그리고
성공한 것은 축제하라.

실패한 것은
디딤돌로 삼아라.

이것이 인생 삼박자이다.

저질러라.
누려라.
제쳐라.

QR코드를 스캔하면 행복특강 강의를
시청하실 수 있습니다.

1강 인생 삼박자
실패는 제치고 성공은 누려라

이야기 첫날

오늘은 행복한 삶을 위하여 인생을 어떻게 사는 것이 좋을까? 를 생각해보는 이야기 첫날입니다. 제목이 참 멋스럽고 좋지요.

'인생 삼박자' 혼자 가기엔 너무 외롭고 둘이 가는 것도 조금은 부족하고 그래도 셋 이상은 되어야 가는 걸음이 든든합니다. 마찬가지로 우리의 삶도 일박자로 살면 재미없겠지요. 이박자는 부족한 듯하고, 최소 삼박자로는 살아야 사는 맛이 난다는 말입니다.

도둑은 어찌 되었을까?

두 사람이 도둑질을 하다가 들키고 말았습니다.

그래서 도망을 치다가 그만 교통사고가 나서 하늘나라로 가게 되었습니다. 하늘님께서 물으셨습니다.

"아직 올 때가 안되었는데 어찌 이렇게 빨리 오게 되었느냐? 솔직하게 말해보아라. 그래야 다시 보내줄지 말지 판단을 내릴 수가 있느니라."

"아 그게 말입니다요. 우리가 남의 것을 슬쩍 훔치다가 걸려서 도망을 쳤습니다. 급히 도망치다 재수 없게 교통사고가 나서 이렇게 되었습니다."

"그래, 교통사고는 재수가 없었다고 치고, 훔친 것에 대해서는 어떻게 생각하는지 각자 말을 해보아라."

도둑1 : "아, 그거야 당연히 잘못이지요. 도둑을 맞은 사람은 얼마나 화가 나겠습니까? 아무리 힘들어도 다시는 그런 짓을 하지 않겠습니다."

도둑2 : "아니, 그럴 수도 있지요. 왜 똑같이 태어났는데, 태어날 때부터 어떤 놈은 가진 게 많습니까? 많은 것은 좀 나눠도 되는 것 아닙니까? 있는 놈이 나눠주지를 않으니, 내가 나눠서 가져오려 한 것인데 그게 왜 잘못입니까?"

하늘님 : "잘못도 아닌데 뭣 때문에 도망을 쳤느냐?"

도둑2 : "그거야, 뭐"

머리를 긁적이며 말끝을 흐렸습니다. 하늘님은 누구를 세상으로 돌려보내 주셨을까요? 당연히 잘못인 줄 아는 사람을 세상으로 돌려보내 주셨습니다. 왜 그러셨을까요? 그렇습니다.

잘못인 줄 아는 사람은 그것이 잘못인 줄을 아니까 고치려고 하지만, 잘못인 줄 모르는 사람은 고치기가 힘들기 때문입니다. 그래서 잘못인 줄 모르는 사람은 하늘님께서 잘 가르쳐 다음 생에 내려보내 주신다고 하셨습니다.

재미있는 인생(삶)의 3가지 속성

'인생 삼박자' 있어 보이지요. 인생이란 '사람이 세상을 살아가는 일'을 말합니다. 그 삶은 누구의 삶이든지 간에 3가지 속성을 벗어나지 못합니다. 모든 이들의 삶을 살펴보면 3대 속성으로 되어있다는 것이지요.

사실은 우리 모두 알고 있는 것입니다. 인생은 즉 산다는 것의 속성은 우선 A 지점에서 B 지점까지 또는 A 시간에서 B 시간까지 '무언가를 하면서 흘러간다는 것'입니다. 우리가 이 지점에 이렇게 서 있게 된 것이 바로 무언가를 하며 그 흐름 위에 서 있는 것이지요.

이것이 첫 번째 속성입니다. 두 번째 속성은 무엇일까요?

그렇게 A 지점에서 B 지점까지 무언가를 하면서 흘러가다 보면 어떤 결과가 나오게 되는데, 먼저 원하는 긍정적인 결과가 나올 수 있습니다.

세 번째 속성으로는 같은 상황으로 흘러갔는데 나오는 결과가 유감스러운, 부정적인 결과를 가져오는 경우가 생긴다는 것이지요. 이것이 모든 사람의 삶의 속성입니다.

그런데 이런 삶 속에서 어떤 사람은 행복을 느끼며 사는데, 어떤 사람은 늘 징징대고 짜증 내며 불행하게 사는 사람이 있습니다. 이런 삶의 패턴을 가만히 들여다보면 행복을 끌어낼 수 있는 중대한 삶의 원리가 들어있습니다. 그 원리를 파악하고 살면 오케이, 행복한 삶이 되는 것이고 이 원리를 모르고 살면 대체로 불행한 삶이 결과로 오게 된다는 것입니다. 사는 것은 대체로 비슷한데 서로 완전히 딴 세상에서 살게 되는 것이지요. 왜 그럴까요?

알고 보면 삶의 3가지 속성 속에 3가지 패턴적인 원리가 숨어있기 때문입니다. 그 3가지 패턴을 아는 사람은 행복하게 살게 될 것이고, 모르는 사람은 불행할 확률이 높다는 얘기입니다. 그 3가지가 바로 '인생 삼박자'라고 하는 것입니다. 인생 삼박자라는 지혜를 알고 사는 사람과 모르고 사는 사람의 차이, 그것이 바로 행복과 불행으로 드러나게 됩니다.

인생 삼박자 중 첫 번째 박자는,

인생 삼박자라니 궁금하시지요?

이 시점에서 저 시점으로 가는 데 사람마다 차이가 있습니다. 어떤 사람은 해도 좋고 안 해도 좋고 슬렁슬렁 가는 사람이 있지요. 또 어떤 사람은 여러분들처럼 직선으로 온 힘을 다해 가는 사람이 있습니다. 그런데 갈지자로 슬렁슬렁 가는 사람은 우선 능률이 안 오르지요. 여기에서 삶의 능률이 오르게 하는 원칙 하나를 발견하게 됩니다.

무엇이냐? 저질러라 입니다. 무엇인가를 저지르려 할 때 에너지를 모아 집중하듯이 온 힘을 다해 전력 질주해보라는 것이지요. 해야 하나 말아야 하나 머뭇거리지 말고 하고 싶으면 온 힘을 다해 저질러보라는 것입니다. 이것이 행복하게 살아갈 수 있는 원칙이요, 인생 일박자인 것입니다.

인생 삼박자 중 두 번째 박자는,

그럼 이박자는 무엇일까요? 어떤 일을 저지르게 되면 필히 결과가 있게 마련입니다. 플러스의 성공도 있을 수 있고 마이너스의 실패도 생길 수 있습니다. 이때 인생 삼박자의 지혜를 모르는 대부분의 사람은 실패와 좌절 부분을 꽉 움켜잡고 그것을 곱씹으면서 속앓이를 합니다. 실패를 했으니 속앓이는 하는 것이 당연히 이해는 되나, 그것이 도가 지나치면 인생이 불행하게 느껴지게 되니 지혜 있는 자의 삶은 아닌것이지요.

그렇다면 어떻게 하는 게 좋을까요? 실패를 곱씹으면서 속앓이를 계속해야 할까요? 아니겠지요.

아주 가벼운 마음으로 "으흠, 이번에는 실패를 했군. 속은 상하지만 그럴 수도 있지." 이렇게 실패를 알아차리고 그냥 제쳐버리는 것입니다.

안 된 것은 '제쳐라.' 가 원리 두 번째입니다.

안된 것을 제칠 줄 아는 것, '저질러라'를 실천하는 가장 용기 있는 행동입니다. 제칠 줄 모르고 실패를 곱씹는 것은, 자신을 병들게 하는 큰 어리석음입니다. 이미 떠난 차 뒤꽁무니를 바라볼 필요가 없습니다.

인생 삼박자 중 세 번째 박자는,

그럼 성취하고 성공해낸 것은 어떻게 할까요? 그것은 누리는 것입니다. 성취한 것을 '기뻐하고 누린다.' 이거지요. 인생 삼박자가 뭐라구요? 삶에서 하고 싶은 것이 있으면 '저지르는 마음으로 집중해서 하라. 그리고

잘 안됐으면 가볍게 제쳐라. 잘 된 것은 기쁘게 누려라.'

이 원리가 확실히 이해되어 실천한다면 여러분들은 무엇을 하고 살든지 간에 행복할 수밖에 없습니다. 인생 3박자가 여러분들의 행복을 위한 좋은 도구가 되어 줄 것입니다.

누리는 방법도 3가지로 하면 행복감이 3배가 됩니다.

"으흠, 내가 이것을 해냈구나! 역시 나는 대단해."하면서 자신을 칭찬하고 뿌듯함을 느껴보는 것입니다. 자신에게 일어난 뿌듯한 느낌을 누리는 것이 첫 번째로 해야 할 훌륭한 향유입니다. 거기에 한 수 더해 성과를 이루었을 때 느낌을 기록해두고 수시로 꺼내 즐기는 것이지요.

그리고 그것을 지지해줄 사람과 이야기를 나누는 것입니다. 행복이 3배로 커지겠지요. 하루에 10가지를 실행했는데 9가지는 실패하고 한 가지를 이뤘습니다. 이럴 때 실패한 것 9가지는 제치고 하나를 누리고 축제를 하는 것입니다. 1년이 지나면 축제 거리가 365개가 됩니다.

안된 것은 다 제치고 성취한 것을 축제하며 누릴 줄 아는 인생을 사는 것이 바로 인생 삼박자입니다.

오늘은 '삼박자' 삼행시로 마치겠습니다.

삼 : 삼박자의 멋진 삶이 우리를 기다리고 있습니다.
박 : 박수치며 기뻐할 일만 생각하고 즐기십시오.
자 : 자긍심 가득한 축제의 삶을 살아가시길 기원합니다.

고맙습니다. 사랑합니다. 축복합니다. 행복하세요.

표현이 활로다

말 안 하면 귀신도 모른다.

생각과 느낌은
표현할수록 다듬어지고
관계를 돈독하게 해준다.

우리 모두의 행복을 위해
표현을 해야 한다.

표현이 활로다.

QR코드를 스캔하면 행복특강 강의를
시청하실 수 있습니다.

2강 표현이 활로
표현하지 않으면 귀신도 모른다

지난 이야기

지난 시간에는 '인생 삼박자'에 대해 이야기를 나누었지요? 저질러라. 제쳐라. 누려라. 그 중 '저질러라'를 생각해보겠습니다.

할까 말까 망설여지면 어떻게 하면 좋을까요? 그렇죠. 하는 겁니다. 그럼 여행을 갈까? 말까? 망설여지면 어떻게 할까요? 당연히 가야지요. 가야 추억이 생기고, 이야깃거리도 생깁니다.

그러면 3번째 질문, 살까 말까 망설여질 때는 어떻게 할까요? 산다구요. 안 됩니다. 이때만은 참는 거죠. 왜 그럴까요? 살까 말까 망설인다는 건 지금 꼭 필요한 것은 아닙니다. 없어도 불편을 느끼지는 않는데 광고에 마음이 흔들린 것입니다. 저지르는 에너지를 물건 사는데 쓰는 건 주머니를 비우는 나쁜 습관이 될 수 있으니 조심해야 합니다. 마음에 담아두시구요. 다음 이야기로 넘어가 보겠습니다.

표현이 활로다

오늘의 이야기 주제는 '표현이 활로다.' 입니다. 표현이란 생각이나 느낌을 말, 글, 몸짓 같은 것으로 나타내는 것이고, 활로란 어려움을 헤치고 살아갈 수 있는 활동 방법을 말합니다. 그러니까 표현이 활로다란 말은 "생각이나 느낌을 말이나 글, 몸짓으로 나타내는 것이 어려움을 헤쳐나가고 슬기롭고 행복하게 살아가는 방법이다." 하는 것입니다.

표현을 해야 잘 살 수 있다는 것인데 도대체 무엇을 표현하고 살라는 것일까요? 그렇죠. 생각한 것을 가슴에 담아두지만 말고 표현하고 살라는 것입니다. 표현을 하라고 하니까 굉장히 복잡할 것 같지요?

그러나 간단합니다. 생각과 느낌을 말로 드러내기만 하면 됩니다. 표현은 생각과 느낌을 말이나 글이나 몸짓으로 나타내는 것이라고 했습니다. 생각은 머리 쪽 마음이고, 느낌은 가슴 쪽 마음입니다. 그러니까 머리 마음과 가슴 마음을 표현하고 살아라. 이거지요. 딱 두 가지만 표현 잘하면 되는 것입니다.

그 자리나 상황에서 표현했으면 하는 뜻(생각)이나 감정(느낌)이 있다면 그것을 표현하고 사는 것이 좋다는 것입니다. 순간의 나의 생각과 느낌을 밖으로 드러내어 속 시원하게 표현해라. 저질러 봐라. 하는 것입니다. 물론 다른 사람에게 상처를 주거나 피해를 주는 표현은 하지 않는 것이 좋습니다.

표현하면 어떤 점이 좋을까요?

뜻(생각)과 감정(느낌)에는 생각지 못한 재미난 속성이 있습니다.

첫째, 뜻과 감정은 세상과 소통하며 공유되고 싶어 한다는 깃입니다. 사람의 몸만 움직임을 원하는 것이 아니라 뜻과 감정도 살아 움직이며 세상과 소통하고 싶은 강렬한 욕구를 유전적으로 가지고 있다는 것이지요.

세상에 나가서 모두와 소통하고 공유되고 싶은 것이 우리의 생각과 느낌의 속성인 것입니다. 그래서 내 생각과 느낌을 세상과 소통하고 공유하도록 해주어야 합니다. 공유되고 싶어 하는 그것들을 내가 표현하지 않고 속에 가만히 가두어놓고 있으면 그들도 저항을 합니다. 주인을 괴롭게 합니다. 그것이 스트레스이고 그로 인해 우울증이나 다른 병으로도 커지게 되는 것이지요.

그런데 생각이나 느낌이 표현되어 밖으로 나오면 어떻겠습니까?

둘째, 마음이 정화되어 시원하게 풀리니 몸과 마음이 건강해집니다. 또 느낌을 표현하면 마음속 꽉 뭉쳐있던 스트레스 덩어리가 쪼개지고 흩어져서 공기 속으로 멀리멀리 사라지게 되기 때문입니다. 마음이 가볍고 몸도 같이 가벼워지면서 자유롭고 시원한 상태가 되는 것이지요.

그러니 가지고만 있어야 할까요? 아닙니다. 출력을 해야 합니다. 출력을 하면 나만 시원할까요? 내가 말을 하지 않고 있으니 주변 사람들도 모두 답답했겠지요. 말 안 하면 귀신도 모른다고 했습니다. 말을 해야 소통이 되고 답답함이 사라집니다. 표현도 하지 않았으면서 "척하면 척이지 몇 년을 살고도 그렇게 몰라"하고 화를 냅니다. 당연히 모르죠.

말은 해야 알 수 있고 음식은 씹어야 맛이 나는데 왜 입을 꾹 다물고 있습니까? 말하지 않으면 속을 알 수 없으니 관계도 나빠지고 치매도 빨리 찾아옵니다. '곰보다는 여우가 낫다.'는 말 들어보셨지요. 표현하고 살아야 합니다. 내가 표현을 하게 되면 주변 사람들도 시원해지고 따라서

셋째, 사람들과 관계 형성에도 결정적 도움을 줍니다. "저 친구가 말하지 않고 있으니 볼 때마다 가슴이 답답했었는데 이제 표현을 하니 내 숨통이 열리네." 해지는 것입니다. 서로의 관계 형성에 결정적 도움을 주게 되는 것이지요.

표현하면 일어나는 좋은 일들

생각과 느낌은 표현되어 나오는 그 순간부터 진화를 합니다. 표현하지 않고 있으면 정체되어 썩게 되고, 뜻과 생각이 표현되어 입 밖으로 나오는 순간 변화하고 진화됨을 본인이 알게 됩니다.

'아하, 내가 원한 것이 이것이었구나!' 거기다 내가 생각과 뜻을 표현하면, 다른 사람들이 내가 미처 생각지도 못했던 것을 한마디씩 해줍니다. 그로 인해 내 생각과 느낌이 더욱 발전하게 되는 법이지요.

그래서 내 생각과 느낌은 마음속에 가지고 있을 일이 아니라, 출력을 해서 서로 함께 나눠야 합니다. 말과 글과 행동으로 표현을 하는 것입니다.

이번에 저도 블로그를 쓰면서 그 표현의 결과로 큰 기쁨을 누릴 수 있었습니다. 못하겠다고 계속 버티던 마음을 탁 내려놓고 '저질러라'와 '표현이 활로다.'를 실천함으로 인해, 생각지 못한 좋은 결과물들이 나오게 되었습니다.

쭈뼛거리면서 자신이 없어서 블로그를 시작하지 않았다면, 지금처럼 변화하고 발전할 수 있었을까요? 절대 그런 일은 안 일어났겠지요? 시작할 때 68명이던 이웃이 지금은 3,500명이 넘었고 방문자가 25,000명이 되는 기적이 일어났습니다.

'시작이 반이다.' 표현을 시작하면 원하는 것은 반은 이룬 셈이 되는 것입니다.

표현은 이렇게 하면 좋아요?

그런데 표현을 잘하려면, 조금은 준비와 연습이 필요합니다. 내 안에서 나의 뜻과 감정을 선명히 정리하여 아는 것이 필요합니다. 수시로 나의 관심과 관점들을 자신에게 묻고 정리해보는 것이지요.

만약 나는 이것이 귀찮다고 하시는 분은 딱 이 생각만 가지시면 됩니다. '내가 이런 표현을 안 하는 것이 우리 모두의 행복을 위해 도움이 되는 것일까?' 표현하는 것이 행복하다는 답이 나올 것입니다.

표현은 어떻게 하면 좋을까요? 간단 명료 적절하게 해야 합니다.

서론이 길어지면 표현의 효과가 줄어듭니다. 이것도 약간의 연습이 필요하겠지요. 군더더기를 떼어내는 연습을 해야 합니다. 이 표현이 간단 명료 적절한가, 듣는 사람이 행복할까? 언제든 간단 명료 적절하게 표현하는 게 좋습니다.

상대가 노인이면 노인에 맞게 어린이면 어린이에 맞게 대접받기 좋아하는 사람이면 그에 맞게 적절히 표현하면 더욱더 좋겠습니다. 연습하지 않고 잘하는 법은 없습니다. 이렇게 표현하는 것은 아부가 아니고 서로의 다름을 인정할 줄 아는 수준 높은 사람이 돼가는 것이지요.

그런데 표현만이 능사는 아니고, 침묵이 베스트 표현일 때도 있습니다. 그래서 '침묵(비표현)이 베스트 표현일 때도 있다.'라는 말에 늘 깨어있어야 합니다.

지난번 명다경 강사님께서 노래 지도가 끝나신 후에

"우윳빛깔 명다경"하시는데, 제가 "우윳빛이 이상하네? 초코우유인가요?"했습니다. 잘한 걸까요? 잘못한 것입니다.

"죄송합니다. 용서하세요. 명다경 강사님"

"나는 솔직하고 쿨한 사람이라 거짓말은 못 해."하면서 상대가 아파하거나 싫어하는 말을 탁탁 뱉는 것은 안 됩니다. 이런 사람일수록 다른 사람이 나에게 그렇게 표현하면 좋아할까요? 더 많이 화를 내기 일쑤입니다.

제가 살아보니까 얌체는 얌체 꼴을 못 보고 욕심쟁이는 욕심쟁이 꼴을 못 봅니다. 당장 달려가서 따지고 들이받고 옵니다.

오늘의 촌철

촌철이란 작고 날카로운 쇠붙이나 무기를 말하는데, 여기서는 짧고 강하게 새겨둘 말이란 뜻입니다. 오늘의 촌철은

1. 표현이 활로다
2. 표현의 부재는 실체의 부재다
3. 지금은 침묵이 베스트다

마무리와 3행시

 우리가 이렇게 다 알고 있음에도 불구하고 생각과 느낌이 상황에 맞게 쑥쑥 표현이 잘 될까요? 잘 안되죠. 연습을 해야 합니다. 시간이 날 때마다 하고 싶었던 표현을 적어보는 거예요. 스마트폰의 메모 기능을 활용해서, 하고 싶은 말들을 기록해두고 수시로 연습을 해봅니다.

 그리고 집에서 혼자 큰 소리로 1인극을 해보기도 하고, 가족 중 상대해줄 만한 사람이 있으면 역할극으로 내가 해야 할 말을 표현해보는 것입니다. 그러면 점점 표현을 잘 하게 되겠지요. 녹음을 하면서 표현을 연습하고 들어보며 고쳐나가도 재미있습니다. 잘 안되고 버벅거린다, 그러면 다시 해 보는 것입니다.

 '연습만한 스승은 없다.' 누군가를 이기기 위해서가 아니라, 나를 표현하며 자유롭고 행복하게 살기 위해서 해봅니다.

오늘은 '활로다' 3행시로 마치겠습니다.

활 : 활기차고 행복하게 살아가기 위하여
로 : 노선은 이미 정해져 있습니다.
다 : 다양한 생각과 느낌을 적절히 표현하는 것,
　　　그것이 삶의 활로입니다.

고맙습니다. 사랑합니다. 축복합니다. 행복하세요.

덕담과 수희

덕담과 수희는
미덕 중의 미덕이다.

칭찬은
고래도 춤추게 한다고 하지 않는가!

사람을 살려내는 것으로는
덕담과 수희만한 것이 없다.

말을 하려면
덕담과 수희만 하라.

상대를 살리는 말이 아니라면
침묵이 베스트다.

QR코드를 스캔하면 행복특강 강의를
시청하실 수 있습니다.

3강 덕담과 수희
함께 기뻐하기

 ## 지난 이야기

 지난 시간에는 '표현이 활로다'라는 주제로 이야기했습니다. 생각과 느낌을 좀 더 잘 표현하게 되셨지요. 아는 것과 모르는 것은 엄청난 차이가 있습니다. 모를 때보다는 자기 생각과 느낌을 잘 표현하게 되셨으리라 믿습니다.

 그러나 습관대로 지금까지 살아왔는데 한번 듣고 잘 할 수 있으면 재미없겠지요. 이 세상의 모든 존재하는 것 중에서 생각과 느낌을 말로 표현하고 사는 것은 인간밖에 없습니다. 그 특권을 누리지 못하고 살다 가면 억울합니다. 그래서 오늘은 무엇을 어떻게 표현하며 살까?에 대한 주제로 이야기를 나누려고 합니다.

어떻게 표현하며 살까?

 17세기 런던에 세인트폴이라는 대성당이 있었는데 큰 화재로 성당이 그만 모두 불타버리고 말았습니다. 그래서 성당을 재건하게 되었어요. 크리스토퍼 렌이라는 사람이 설계를 맡았고, 다시는 불타 없어지는 일이 생기지 않도록 돌로 짓게 되었습니다.

 하루는 크리스토퍼 렌이 공사 진척 사항을 둘러 보다가 돌을 다듬고 있는 채석장에 가게 되었습니다. 돌을 다듬고 있는 사람들이 많이 있었습니다. 열심히 일을 하는 한 석수장이에게 물었습니다. "당신은 지금 무엇을 하고 있습니까?"

 그러자 그 사람은 짜증을 내며 몹시 퉁명스럽게 대답했어요. "아, 보면 몰라요? 돌을 다듬고 있지 않소."

렌은 좀 떨어진 곳으로 가서 똑같은 질문을 또 했습니다.

이 사람은 더 큰 소리로 "아 보면 모릅니까? 목구멍이 포도청이라 이 고생을 하고 있지 않습니까?"

세 번째 사람에게 다가가 똑같이 물어보았습니다. 그랬더니 뜻밖에도 그는 "저요. 하나님의 성전을 짓고 있습니다. 죄를 짓고 감옥에 갔었는데 거기서 운 좋게도 돌 다듬는 기술을 배웠습니다. 그래서 지금 하나님의 성전을 짓기 위하여 정성껏 돌을 다듬고 있습니다."

"힘들지 않으세요." "아니요, 아주 행복합니다."

"성당이 다 지어지면 얼마나 좋을지 상상하면 너무나 기쁩니다."

똑같은 일을 하고 있는데 대답이 이렇게 달랐습니다. 세 사람 다 자기의 생각과 느낌을 표현하는데 어떤 사람은 자기에게 덕담을 하고 어떤 사람은 자기에게 악담을 하고 있는 것입니다.

같은 일을 하면서 누가 더 행복할까요, 우리 자신에게는 어떤 말을 어떻게 해 주는 게 행복할까요?

이왕이면 좋은 말을 하는 것이지요. 좋은 말 덕담을 하면 하는 사람은 물론 듣는 사람도 좋습니다.

말은 사실 다른 사람에게 하는 것 같지만 제일 먼저 듣는 것은 자신입니다. 그래서 오늘은 "덕담과 수희"라는 이야기를 나눠보도록 하겠습니다.

덕담이란 내 주변 사람이나 사물에 대한 긍정점을 드러내어 표현하는 것입니다. 내가 느끼는 것들을 긍정적인 말로 표현하는 것이지요.

"너는 늘 생글생글 웃으니, 너만 보면 기분이 좋아진다." "당신은 언제나 내 편을 들어주어 든든하고 힘이 나요." 또 덕담의 부분집합으로 수희가 있습니다. 수희란 무엇일까요? 수희란 기쁨을 따라간다. 이웃의 경사를 축하해주는 마음이 수희요 그 마음을 밖으로 드러내 축하의 표현을 하는 것이 덕담입니다.

덕담은 내가 스스로 좋은 말을 해주는 것이고 수희는 다른 사람의 좋은 일에 대하여 같이 기뻐해 주고 축하해주는 것입니다. 물론 크게 보면 둘 다 덕담이고 긍정이고 칭찬입니다.

덕담과 수희는 모두의 행복을 위해 가장 필요하고, 중요한 표현법입니다.

긍정 바이러스 덕담과 수희

왜 덕담과 수희로 표현하는 게 그토록 중요한지 생각해 보셨습니까?

좋은 말 하는 게 너무나 당연한 거니까 생각 안 해보셨지요?

첫 번째는 덕담을 하게 되면 표현하는 자가 행복하고 듣는 사람도 행복해지기 때문이지요. 덕담을 따라다니는 수희는 상대방의 경사에 축하하는 마음인데 이게 쉬울 듯한데 사실은 잘 안됩니다. 질투하는 마음이 생기거든요. 그럴 때는 질투심도 솔직히 표현합니다.

"네가 그렇게 잘나가니까 질투심도 좀 나지만 넌 정말 대단하다. 우리의 자랑이야."

수희를 진심으로 잘 할 수 있다면 나의 인품 수준이 확 올라가게 됩니다. 이 세상을 천국으로 만드는 최고의 방법 긍정 바이러스 역할, 그것이 덕담과 수희입니다.

두 번째는 덕담과 수희를 하면 삶의 어려움을 이겨낼 수 있는 힘이 생깁니다. '일고수이명창'이라는 말 들어보셨지요.

명창이 소리를 아무리 잘해도 고수가 북을 치면서 "얼쑤 잘한다."이렇게 흥을 돋우지 않으면 고비를 넘기지 못하는 것입니다. 다음 소리로 넘어갈 수 없으니 고수가 명창보다 먼저인 것이지요.

어려움에 처했을 때 주변에서 나에게 덕담으로 격려하고, 수희로 칭찬과 지지를 해준다면 어려움을 넘길 힘이 생기게 된다는 말입니다.

그리고 세 번째 기쁨은 나눌수록 커지는 법입니다. 이 세상을 천국으로 만든다고 할 때 덕담과 수희만한 것이 없습니다. 기쁨 바이러스가 사람들에게 전해지면서 기쁨이 점점 더 커지게 됩니다.

네 번째는 주변 사람들이 보고 배웁니다. 덕담과 수희는 플러스적인 성질이 있어서 널리 퍼져나갑니다. 기뻐하면서 배우게 되고 배운 것을 밖에 나가서 전하게 됩니다. 그 밝은 에너지가 세상에 전해지고 문화로 자리 잡게 되는 것이지요.

다섯 번째는 좋은 말로 사랑받고 인정받은 자가 앞길이 열립니다. 자녀나 배우자의 앞길이 열리기를 원한다면 우리가 해야 할 일은 덕담과 수희밖에 없습니다. 삶에서 누군가가 나에게 덕담과 수희로 추임새를 넣어준다면 앞길이 열릴 수밖에 없습니다. 자신감과 도전하는 마음이 저절로 생기게 되겠지요. 배우자나 자녀가 성취하고 성공하기를 원한다면 덕담과 수희로 사랑과 인정을 해주는 지혜가 합니다.

독재자와 대주고님의 탄생

시골 마을 작은 성당에서 한 신부가 미사를 드리기 위해 준비를 하고 있었습니다.

그런데 시중을 들던 소년이 그만 성찬례에 사용하는 포도주잔을 떨어뜨려 깨지고 포도주가 땅에 쏟아졌습니다. 신부님이 노발대발 화를 내며 소년에게 소리를 쳤어요. "다시는 제단 앞에 나타나지 마라."

같은 시간 다른 마을에 있는 성당에서도 똑같은 일이 벌어졌습니다.

그런데 그 신부님은 화를 내지 않고 "괜찮다. 나도 어렸을 때 실수를 많이 했단다. 다치지 않도록 조심해서 치워라."라고 다독여주었습니다.

역사에 기록된 이야기입니다.

성당에서 쫓겨났던 소년은 커서 유고슬라비아의 독재자로 군림한 조셉 브로즈 티토이고, 따뜻한 위로를 받은 소년은 천주교 대주교에 오른 폴턴 쉰이었습니다.

저도 학교에 있을 때 덕담의 효과를 여러 번 경험했습니다.

3학년 담임을 했을 때인데 장난꾸러기들이 많아서 힘이 들어 지쳐가고 있었습니다. '아, 이래서는 안 되는데' 하던 중 일찍 출근한 날이 있었습니다.

텅 빈 교실에서 '아 오늘은 또 어떻게 버티나?' 하며, 힘이 빠져 있다가 문득 '사랑해'를 해볼까? 하는 생각이 떠올랐습니다.

그래서 아이들 책상을 바라보고 한 명씩 이름을 부르며 "사랑해"를 붙여 보아봤습니다.

"평화야, 사랑해" "누리야, 사랑해" 한 명씩 이름을 부르며 그렇게 '사랑해'를 하다 보니 놀라운 일이 벌어졌어요. 아이들 책상이 4분단까지 있었는데 2분단이 끝날 때쯤 되니까, 가슴이 따뜻해지면서 아이들의 방긋 웃는 모습이 떠오르는 거예요.

저도 놀라웠습니다. 끝까지 모두에게 이름을 부르며 '사랑해'를 하고 나니 가슴 가득 행복감이 차오르고 아이들의 깔깔대는 모습이 보이는 것이었습니다.

그때 우리 반의 가장 개구쟁이이고 부지런한 평화가 들어오는데,

"평화야, 어서 와. 빨리 왔네." 하고 웃으며 반갑게 맞이하게 되는 것이었습니다. 그 후론 교실이 좀 시끌벅적해도, 장난을 심하게 쳐도 웃음이 나고 예뻐 보이는 것이었습니다. 그 녀석들이 나를 골탕 먹이려고 그랬겠어요. 그냥 그 나이에 맞는 몸의 에너지대로 움직인 것뿐이었죠. '사랑해'라는 말이 가진 에너지가 그렇게 큰 것이 정말 놀라웠습니다.

덕담 인품 만들어 가기

이렇게 좋은 줄을 알았으니 우리도 '덕담과 수희'를 하며 살아야 하지 않겠습니까? 그런데 그것도 평소에 자주 하던 사람은 잘 되는데 안 하던 사람은 영 쑥스럽고 말이 잘 안 나오거든요.

그럼 어떻게 해야 할까요? 안 하는 악덕에서 벗어나려면 연습을 해야 합니다. 내가 이제부터 사람들에게 '덕담과 수희'를 꼭 하리라 마음을 먹어야 합니다. 마음을 먹지 않으면 행동으로 옮길 수가 없습니다.

그리고는 실천해보는 것입니다. 가까운 가족부터 시작을 해서 점점 그 범위를 친구 동료들로 확대합니다. 말이 안 나오면 쪽지에 글로 그 사람의 좋은 점을 적어서 주는 것도 좋습니다. 어떻든 하루에 한가지씩이라도 의도적으로 덕담을 해주는 것입니다.

그러나 덕담도 상황을 보아 적절한 때에 해야 효과가 큽니다. 또, 한 번 표현한 덕담이라도 거듭해서 표현해주는 게 좋습니다.

마무리와 3행시

여러분들의 주변을 '덕담과 수희'로 살려내시어 내가 있는 곳은 어디든 천국으로 만들어 가시기 바랍니다. 상대가 덕담을 해주지 않는 것은 잊어버리셔야 합니다. 바라는 마음이 있으면 바로 내 마음이 지옥으로 바로 떨어지거든요. 끝으로 가족에게 하면 좋은 덕담 '사미자' 삼행시로 마치겠습니다.

어디서나 약간 의견 충돌이 있어 서로 언짢고 삐져있을 때 내가 싸움에서 이기려면 먼저 뭘 하는 게 좋을까요? 사과를 하는 게 좋습니다. 상대의 기분을 내가 풀어준 것이니까 내가 이긴 것입니다.

그럴 때 사용해보세요. 배우자에게도 좋고, 자식에게도 좋고, 회사 동료에게도 좋습니다. "아까 내가 미안했어. 사과를 삼행시로 할 테니 한 글자씩 운을 띄워줘"하며 '사미자'라고 쓴 종이를 보여주시는 거예요.

사 : 사랑해

미 : 미안해

자 : 자랑스러워

하시며 끌어안아 보세요. 평화와 행복이 바로 함께 찾아올 것입니다. 이것이 덕담의 힘입니다. 칭찬만 덕담이 아니라 사과도 훌륭한 덕담입니다. '덕담과 수희'를 행복도구로 잘 활용하셔서 나와 모두를 행복으로 물들여 주시기 바랍니다.

고맙습니다. 사랑합니다. 축복합니다. 행복하세요.

받기 삼박자
(경청, 공감, +알파)

경청은
맞장구와 추임새를 하며
상대의 이야기를
정성껏 들어주는 것입니다.

공감이란
말하는 사람의 마음을 알아주고
이해해 주고
인정해주는 것입니다.

+알파는
격려와 지지와 위로로,
그의
앞날을 축복해 주는 것이지요.

서로를 살리는 최고의 대화법이
'받기 삼박자'입니다.

4강 받기 삼박자
행복한 대화법

지난 시간에는 '덕담과 수희'에 대하여 이야기 나누었지요? 덕담을 의도적으로 한 번이라도 해보셨나요? 해보셨다면 축하드립니다. 수희도 해보셨지요?

덕담과 수희가 인격으로 묻어나도록 잘 사용하시길 기원합니다.

벌써 오래전 이야기입니다. 지금 그 친구가 30살은 됐을 것 같아요. 언제나 말없이 씨익 웃으며 앉아있는 아이였는데, 다른 아이들 말이 그 아이가 6학년 "짱"이라는 거예요.

어느 날 점잖게 앉아있는 그 아이를 보고 웃으면서 "넌 웃는 게 참 멋지다. 왜 그렇게 의젓하고 잘생긴 거야."라고 한마디를 했습니다.

아무튼 그 덕분이었는지 1년 동안 한 번도 아이들을 때린다거나 소란을 피우거나 공부는 안할망정 공부시간에 장난을 쳐서 나를 힘들게 한 적이 없었습니다. 관심과 칭찬이라는 덕담이 그렇게 큰 힘을 가지고 있습니다.

받기 삼박자 이야기

오늘은 표현의 방법 중에서 인간관계에 평화를 가져다주는 받기 3박자에 대해 이야기 나눠보겠습니다.

인간관계를 하려면 말로 주거니 받거니 표현을 하게 됩니다. 또 다른 사람이 표현한 것을 받아주게도 됩니다. 그렇게 상대의 말을 받아주는 방법과 원리를 받기 삼박자라고 이름 지었습니다. 인간관계를 잘하려면 중요한 것이 상대방이 말을 했을 때 어떻게 받아 주느냐 하는 것입니다.

받기 삼박자의 중요성을 한번 이야기해볼까요?

어떤 사람이 나에게 표현을 했으면 내가 그 표현에 대해 대꾸를 해야지요. 받아주어야 합니다. 받아주지 않으면 어떤 일이 생길까요? 소통이 잘 안 되겠지요. 내가 말했는데 상대가 대꾸를 안 한다면 불쾌한 마음에 교류를 하고 싶지 않게 됩니다. 자연히 서먹서먹하고 사이가 멀어지게 되는 것이지요.

이렇게 말이라는 것이 인간관계를 좌우하게 되고, 나의 인품도 밖으로 드러나게 되는 것입니다. 그러니까 상대방이 나에게 무엇인가 '야호'하고 표현을 한다면, 나도 '야호'하고 메아리를 해주어야 서로 소통이 이루어지고 관계가 좋아진다는 말입니다.

상대방이 나에게 표현을 했을 때 내가 어떻게 받아주는 것이 효과적이냐 하는 것을 이야기 나누는 것이 이 시간의 공부 주제입니다.

받기 삼박자와 표현 방법

받기 삼박자는 어떻게 하는 것일까요? 상대가 이야기를 하면 어떻게 해야 할까요? 일단 상대의 말을 몸과 마음으로 귀 기울여 잘 들어주어야 합니다.

그것을 두 글자로 '경청'이라고 하고 일박자가 되는 것입니다.

이박자는 '공감'을 해주는 것입니다. 상대의 말속에 들어 있는 속마음을 알아주는 것이지요. 그리고 삼박자는 '+알파'라고 하는데, 상대의 말과 마음을 이해하고, 공감한 바탕 위에 인정, 격려, 지지해주는 것입니다.

긍정 표현 받기

우선 긍정 표현을 했을 때 받아주는 방법을 나눠보겠습니다.

"나 오늘 상장받아 기분이 좋습니다."라고 표현을 했습니다.

그러면 어떻게 받아주면 좋을까요?

일박자, 그대로 경청을 하고 잘 들었는지 똑같이 표현을 해서 확인을 합니다. "상장받아서 기분이 좋으시다구요?" "아, 상장받고 기분이 좋으시군요." 잘 들었다는 것을 확인을 하는 것입니다.

이박자는 무엇일까요? 상장받고 기분 좋다고 했으니까 그 사람의 기분 좋은 마음을 알아주는 것입니다.

"상장받고 기분이 좋으시다구요. 정말 기분 좋으시겠어요."

일박자에 경청을 잘했고, 이박자에는 그 마음속에 들어있는 기분 좋음까지 확실히 공감해주었으니 그 정도로 받기는 완료된 셈입니다.

삼박자에서는 격려나 위로나 지지가 될만한 말을 표현해주는 것입니다.

"축하합니다. 앞으로도 거듭거듭 경사가 있으시기를 바랍니다."

"평소에 그렇게 성실하시니 상을 타고도 남으시지요."

"훌륭하십니다. 친구인 것이 자랑스럽습니다."

연습 한번 함께 해보실까요?

일박자 - 상장을 받아 기분이 좋으시다구요.

이박자 - 정말 기분이 좋으시겠어요. 축하드립니다.

삼박자 - 대단하셔요. 평소에 그렇게 성실하시니 상을 타고도 남으시지요. 함께 할 수 있어 영광입니다.

처음이 어렵지 자꾸 하다 보면 자신의 인품이 되어 저절로 상대의 말을 '경청 공감 지지'해주는 자신을 발견하게 되고 인간관계가 좋아지는 것을 느끼게 될 것입니다.

부정 표현 받기

상대가 긍정 표현을 했을 때 받기 삼박자는 하기가 쉽습니다.

그런데 내 생각과 다른 말로 우긴다거나 흉보는 것을 싫어하는데 남의 흉을 본다거나 하면 참으로 뭐라고 받아야 할는지 난감하기만 합니다.

그런 상황에서도 부정적 표현을 받기 3박자에 맞춰서 잘 받아주면 관계의 평화가 오고, 잘못 받아버리면 전쟁이 일어날 수도 있습니다.

'말 한마디에 천 냥 빚을 갚는다.' 했는데 말 한마디에 천 냥 빚이 생길 수도 있으니 신경을 써야 하겠지요.

그런 예는 수없이 많습니다. 둘이 이야기를 하는데 계속 자기 말이 옳다고 우기는 거예요. "너 그렇게 우기면 안 되지? 누군 입이 없어 말 못하는 줄 아냐?" 이런 식으로 표현한다면 이것은 싸우자는 말입니다. 또 내 귀에 쓸데없이 헐뜯는 것처럼 들릴 때가 있어요.

"에이 그건 아니지. 그건 네가 잘못 생각한 거야. 내가 알고 있는 한 그 애는 절대 그럴 리가 없어. 사람을 좀 알고 말해라." 이렇게 말해 버리면 앞에 있는 사람을 기분 나쁘게 하고 속 좁은 사람으로 만들어 인격을 완전히 짓밟는 모양이 됩니다.

부정 표현 속에 들어있는 속마음 알아주기

그러면 어떻게 받아주어야 할까요? 먼저 말을 내게 하고 있는 이 사람의 마음이 무엇일까? 대답이 나오기 전에 3초 정도는 생각을 해야 합니다.

'아 이 사람이 자기편을 들어 달라는 것이로구나.'
'이 사람이 자기의 섭섭한 마음을 알아달라는 것이로구나.'
'나를 믿으니까 답답한 마음을 털어놓고 싶은 것이로구나.'

이렇게 생각을 하면 화자(話者)를 이해하는 말이 나오게 됩니다. 아무리 듣기 싫은 말을 해도 저렇게 3가지로 생각해보면 화를 내는 그 사람의 마음이 이해될 수 있습니다.

일단 고개를 끄덕이고 장단을 맞추며 화가 풀릴 때까지 들어주는 것이 좋겠지요. 그런 다음 이렇게 받아줍니다. 함께 해보세요.

일박자 - 아니 그런 일이 있었군요! (상황 알아주기-경청)

이박자 - 그랬다면 당황스럽고 답답하고 속상하셨겠네요.
　　　　 (마음 알아주기-공감)

삼박자 - 나 같으면 소리치고 따졌을텐데, 당신은 이해심과
　　　　　 참을성이 대단합니다. 참 잘하셨어요.
　　　　　 (격려와 지지- +알파)

이제 여기까지 말을 하고 나면 어느 정도는 풀어집니다. 그리고는 본인이 해결 방법을 말하거나 찾도록 놓아두어야 합니다. 본인이 해결 방법을 찾아 말하면 "아이구, 잘 생각하셨습니다. 역시 선생님은 통이 크시네요."

그런데 우리는 나에게 속상한 것을 털어놓고 있는 사람의 편을 안 들어주고 화를 나게 만든 다른 사람 편을 들어주는 말을 합니다. 나를 화나게 한 그 사람의 입장에서 말을 하며 그 사람 편을 들어주니 불난 집에 부채질을 하는 꼴이 되는 것이지요.

또 내가 한 말을 자기 마음대로 판단하여 옳고 그름을 분석해줍니다. 나를 옳다고 해주면 다행인데 나를 화나게 한 그 사람이 그럴 수밖에 없었겠다고 말을 하면 속에서 불이 납니다. 앞에서 말하고 있는 사람은 못난이로 만들고 인간관계를 망가뜨리는 가장 어리석은 방법입니다.

어떤 식으로든지 내게 말하고 있는 이 사람을 살리고 평화가 올 수 있는 받기 삼박자가 되어야 합니다.

받기 삼박자의 궁극의 목적은 받기를 함으로써 내게 말한 사람에게 평화와 행복을 찾아 주는 것입니다.

신문기자님의 받기 삼박자

오래전에 행복마을에 수련을 하러 왔던 시골 신문사의 기자 한 분이 계셨습니다. 옛날에는 어느 직장이든 남자들이 거의 숙직을 했습니다.

그런데 숙직 날은 전투가 일어난다고 합니다.

"00 신문사죠. 아니 0월0일에 바쁜 사람 붙잡고 몇 시간이나 취재를 해 갔으면 신문에 실어야지 도대체 신문에 왜 안 나오는 겁니까? 언제 실어 줄 겁니까?"(성질을 내면서)

그러면 기자도 화를 내며 정직하게 대답하게 되지요. "아니 취재한다고 어떻게 다 실어줍니까? 취재해온 기사들을 보고 잘된 것을 골라서 싣는 겁니다. 신문의 지면은 한정되어 있는데 다 실을 수가 없지요." 결국 서로 화가 나서 악담을 하다 끝게 된답니다.

그런데 그 기자님이 '행복마을'에서 수련을 받고는 '이제 알았다.' 하면서 연습도 좀 했습니다. 아니나 다를까? 숙직을 하는데 전화가 걸려왔습니다. 상대의 말이 떨어지자마자 바로 공감과 사과 모드로 들어갔습니다.

"취재를 해갔으니 언제나 기사가 날까 하고 기다리셨는데 기사가 안 나오니 얼마나 서운하셨겠어요. 죄송합니다. 긴 시간 취재를 해갔으니 신문에 다 내면 얼마나 좋겠어요. 그런데 신문사에도 사정이 있습니다.

신문에 좋은 기사를 내려면 취재한 것이 많아야 해서 취재를 많이 합니다. 그러다 보니 취재한 것을 다 실을 수 없는 그런 고충이 있습니다."

마이너스 받기에서 중요한 받기 삼박자는 무엇이겠습니까? 경청하고 공감하고 사과를 하는 것입니다. 전화한 사람의 말을 경청해서 다시 한번 확인하고 말한 사람의 마음을 알아주는 공감을 하는 것입니다.

그리고 "정말 죄송합니다." 하며 사과를 하니 "듣고 보니 신문사 입장도 그렇겠네요. 알았소. 수고하시오." 하고 전화를 끊더라는 것이지요.

플러스 받기와 마이너스 받기 어떤 게 더 어렵다구요? 마이너스가 더 어렵습니다. 왜냐하면 나의 생각과 내 마음을 집어넣어서, 말하고 있는 사람의 말과 마음을 온전히 받아주는 것이 잘 안되기 때문입니다.

방송인 김00 씨가 언젠가 방송에서 이야기를 했습니다. 누군가와 통화를 하고 났는데 그 사람의 말로 화가 나고 답답하고 기분이 나빴답니다. 그래서 친한 친구에게 전화를 했어요. 그랬더니 "야 너 그까짓 것을 갖고 뭘 그러냐? 네가 이해하면 되지. 너도 잘한 거 없네."

마음의 불을 끄려고 전화했다가 불이 더 났습니다. 그래서 다른 친구에게 또 전화를 했어요. "내가 들어보니까 걔도 그렇게 말할 만하네. 너도 잘 그러잖아. 네가 참아야지 어쩌겠냐?"

화가 나서 잠을 잘 수가 없는 거예요. 내 마음 알아달라고 전화했더니 다들 누구 마음만 알아주고 있어요. 전화 걸어서 나를 화나게 한 그 사람 마음만 알아주고 나를 쪼잔한 인간으로 만들고 있잖아요.

그래서 이번에는 코디에게 전화를 했답니다. 그랬더니 "아니 오빠 그 자식 지금 어디 있어? 내가 당장 택시 타고 가서 머리털을 다 뽑아버려야겠어. 아니 자기가 오빠한테 받은 도움이 얼마고 잘해 준 게 얼만데 그따위로 말을 했단 말이야. 배은망덕한 인간 같으니라고."

그 말을 듣고 나니 속이 후련해지고 다 풀려 잠을 잘 수 있었답니다.

내 말을 들은 사람이 내 편이 되어서 내 마음을 알아주면 다 해결되는 것입니다. 이것은 옳고 그름의 문제가 아닙니다. 마음을 알아주고 지지해주면 새로운 힘이 생기고 조금 후엔 자신을 돌아보며 피식 웃을 수 있고, 나를 서운하게 한 사람과도 잘 지낼 수있게 됩니다. 공감이란 말하는 사람의 마음을 알아주고 이해해주고 인정하고 지지해주는 것입니다.

그런데 윗자리에 앉아있거나 집에서 가장 노릇을 강하게 하시는 분들은 누가 말을 하면 바로 말한 것에 대한 평가와 분석을 해서 그 문제에 대한 해결 방법과 충고로 바로 들어갑니다. 해결방법은 말하는 사람도 다 알고 있습니다. 말만 들어주고 그 마음만 알아주면 다 해결됩니다.

"화자 중심"입니다. 현재 우주의 중심엔 오직 나와 지금 대화하고 있는 그 사람만 있다는 것에 깨어있어야 합니다.

말하는 사람의 말을 그냥 잘 들어주고, 마음 알아주고, 지지나 위로만 해주면 됩니다.

마무리와 인사

끝으로 촌철 3가지를 소개해드리겠습니다.

첫 번째, "메아리 없는 산은 죽은 산이다."

    (상대가 말하면, 받기 3박자로 표현해줍니다.)

두 번째, "화자 중심(話者中心)"

    (오직 말하는 사람을 공감해주고, 그 사람 편이 되어줍니다.)

세 번째, 속마음 알아주는 것이 실존적 사랑이다.

    (속마음을 알아주어야 합니다.)

오늘은 '사이다' 삼행시로 마치겠습니다.

사 : 사랑이 이루어지기를 원한다면

이 : 이해하고 인정하고 지지하라.

다 : 다 원하는 대로 이루어지리라.

감사합니다. 사랑합니다. 축복합니다. 행복하세요.

보시와 감사

행복하기를 원하십니까?
가진 것을 나누어 보세요.

마음을 나누고
물질을 나누고
일을 나눕니다.

그리고
나누어준 이에게
감사를 합니다.

이렇게
보시와 감사가 삶에 녹아든다면
우리는 행복할 수 있습니다.

QR코드를 스캔하면 행복특강 강의를
시청하실 수 있습니다.

5강 교류사덕 중 보시와 감사
좋은 관계 맺기

지난 이야기

지난 시간에 이야기 나눈 '받기 삼박자' 일상에서 실천해 보셨나요?

상대의 말을 경청하고 공감하고 +알파로 받아준다면 서로 다툴 일이 없어지겠지요. 모르는 것보다는 삶의 질이 크게 향상되시리라 믿습니다.

생활 속에서 자주 실천하다 보면 점점 행복도구로 잘 활용하실 수 있을 것입니다. 그런데 이런 좋은 도구도 그냥 마음 창고에만 넣어두면 녹이 슬어버립니다. 자주 사용하시어 행복의 길이 반짝반짝 빛나도록 닦아가시기를 바랍니다.

벨기에 교수의 놀라운 행운

벨기에의 한 교수가 미국에서 열리는 '학술 세미나'에 참석하게 되었습니다. 세미나 진행 중 사우디의 교수가 나와서 발표를 하는데 그동안 자기가 궁금했던 것들이 싹 풀리는 거예요.

세미나가 끝나고 질문 몇 가지를 더한 후에 "오늘 교수님 덕분에 제가 궁금하고 안 풀렸던 것들이 많이 해소되어서 정말 기쁩니다. 그동안 연구하여 그런 성과를 내신 것을 축하드리고 박수를 보냅니다. 감사합니다." 하고 앉았습니다.

벨기에로 돌아와 그 일은 까맣게 잊고 있던 몇 달 후에 전화가 한 통 걸려 왔습니다. "안녕하십니까? 저는 지난번 미국 세미나에서 만난 사우디 교수입니다. 그때 교수님의 칭찬과 격려로 여러 가지 일들이 더 잘 풀렸습니다. 감사합니다." "제가 보답을 하고 싶은데 교수님 석유 장사 한번 해보시지 않겠습니까?"

"아니 제가 학교에 있는데 무슨 석유 장사를요?"

"아 교수님이 직접 하시지 말고 사모님이 하시면 되지요? 제가 하실 수 있도록 도와드리겠습니다. 석유는 다른데 공급하는 가격의 반값으로 해드리겠습니다. 실은 제가 사우디 왕자로 석유회사도 경영하고 있거든요."

벨기에 교수님이 뭘 한 거지요? 받기를 잘했고 거기다 축하와 감사 표현을 했을 뿐인데 그 짧고 작은 말 한마디가 이렇게 어마어마한 행운을 가져다준 것입니다. 여러분도 벨기에 교수의 행운을 누려보시기를 기원합니다.

오늘은 보시와 감사의 날

오늘은 '보시와 감사'라는 주제로 이야기를 나눠보겠습니다.

보시라는 말은 바라는 바 없이 베풀고 나눈다는 말이고, 감사란 보시를 받았을 때 그 고마움을 표현하는 것이지요.

살면서 인간관계를 하는 게 단순한가요, 복잡한가요? 복잡하다는 생각이 드시지요. 그런데 사실은 단순합니다. 말을 하거나 듣거나, 주거나 받거나, 이기거나 지거나 하는 2가지뿐입니다. 이것을 긍정으로 주고받거나, 부정으로 주고받기 때문에 4가지가 되었을 뿐이지요.

주제 뒤에 '교류사덕'이라고 쓰여있지요? 교류란 무엇일까요? 교류란 여러 분야에서 이룩된 문화나 사상 따위의 성과나 경험 등을 나라 지역 개인 간에 서로 주고받음을 말하고, 사덕은 네 가지 덕이라는 말입니다.

교류사덕중 서로 플러스를 주고받는 것이 오늘의 주제입니다. 내가 상대에게 기쁨을 주는 것을 보시라 하고 기쁨을 받았을 때 고마움을 표현하는 것을 감사라고 합니다.

인간관계를 어떻게 할 것인가? 하고 물을 때 첫 번째가 보시이고 두 번째가 감사인 것이지요. 베풀고 나누고 감사하면 인간사 문제가 다 해결되지 않겠습니까?

바라는 바 없이 베풀고 나누는 것과 그것에 대해 감사를 표시하는 것, 이것은 더불어 사는 세상에서 첫 번째 덕목이고 첫 번째 덕성인 것입니다. 누군가가 나에게 베풀거나 나눠주면 기분이 좋고 고맙잖아요. 그럴 때 내가 나눌 덕목은 간단하지요.

"감사합니다."만 하면 됩니다. 잘하고 계시지요?

감사란 베풂이나 나눔의 도움을 받았을 때 고맙다고 말로 표현하는 것입니다. 가진 것을 베풀고 나누며 또 받은 사람은 그것에 대해 감사를 표현하는 일, 이것이 행복하게 사는 사람들의 인품표현이지요.

보시와 감사의 표현

첫 번째는 보시를 하면 주는 사람은 뿌듯하고 받은 사람은 기분이 좋고 도움이 됩니다. 두 번째 주고받는 사람의 인간관계가 좋아지겠지요. 또 서로 서먹한 일이 있었을 때 베풀고 나누면 일이 부드럽게 풀립니다.

세 번째는 주고받는 좋은 문화가 형성되어 그곳은 살기 좋은 곳, 천국이 되는 것입니다. 그리고 상대에게 무엇이든 받았을 때는 "감사합니다." 하고 말로 표현해야 합니다.

보시를 바라는 마음 없이 한다고 하는 것은 주는 사람이 가져야 하는 마음가짐이고, 받는 사람은 반드시 감사를 표현해야겠지요. 속으로 아무리 감사하고 있어도 말로 표현하지 않으면 보시한 사람이 고마워하는 줄을 모릅니다. 그래서 왠지 섭섭하고 맥이 빠집니다. '괜히 줬나' 하는 생각이 들기도 하고 다음엔 주고 싶지 않아지기도 하지요.

'표현의 부재는 실체의 부재다.' 꼭 감사 표현을 하셔야 합니다.

80년대 중반쯤에 은반지를 끼면 건강에 좋다고 크게 유행하던 때가 있었습니다. 그래서 시어머니와 친정어머니에게 하나씩 사드렸어요. 시어머니는 집에 오셔서 큰소리로 이렇게 말씀을 하셨어요.

"야 우리 동네에서 내 반지가 제일 이쁘고 이걸 끼니까 진짜 몸이 가뿐한 것 같고 좋더라." 하셨습니다.

그런데 친정어머니께서는 "그까짓 은반지가 무슨 효과가 있겠냐? 괜히 야단들이지." 하고 말씀을 하시는 거예요. 사준 사람은 맥이 빠집니다.

그래서 어디 가서 무엇을 보면 시어머니 것은 '사드리면 좋아하시겠네.' 하고 덥석 사게 되는데 친정엄마 것을 살 때는 '돈도 없는데 사지 말까?' 하는 생각이 드는 것이었습니다.

보시에는 어떤 게 있을까요?

마음이 있으면 몸이 가고 몸이 가면 물질도 가지요. 보시에는 마음으로 하는 보시, 몸을 써서 하는 보시, 물질로 하는 보시가 있습니다. 여러분은 어떤 보시를 가장 많이 하고 계신가요?

물질로 하는 보시는 각자의 경제 사정과 상황에 따라 다르겠지만 몸과 마음으로 하는 보시는 마음만 먹으면 쉽게 할 수 있습니다.

먼저 마음으로 하는 보시는 지금 잘하고 계시지요. 요즘 우리가 이야기하는 받기 3박자, 덕담과 수희 그리고 웃는 얼굴 반가운 인사 부드러운 말씨, 위로와 격려 지지 이런 게 다 마음으로 하는 보시입니다. 부모님께 전화는 자주 하고 계신가요? 마음이 있으면 실천해야 보시가 됩니다.

몸으로 하는 보시는 어떤 게 있을까요? 각종 봉사활동이죠.

그중에서 가장 잘해야 하는 봉사활동이 뭘까요? 집안일입니다. 몸으로 하는 보시이죠. 몸으로 하는 보시는 집안에서부터 잘해야 합니다. 집에서 잘한 후에 바깥 봉사활동을 하는 것이 순리입니다. 집안일 나누어서 하기 부모님 자주 방문하기 서로 전화 자주 하기 등 가정에서부터 잘해야 순리입니다.

그런 후에 밖에 나가서 여러 가지 봉사활동을 하는 것입니다. 물론 태안반도 기름유출처럼 국가적 재난 상황이 왔을 때는 대한민국 사람들은 모두 만사 제쳐놓고 먼저 손길을 보내지요.

물질로 하는 보시도 역시 집안에서부터 잘해야 합니다. 부모님 용돈 먼저 드리고 친척들 생일 챙기기, 입학금과 등록금 거들어주기, 집안에서 나에게 도움을 준 사람에게 잘한 후에 밖으로 넓혀나갑니다. 유대인들이 그걸 가장 잘한다고 합니다. 집안에서 한 사람이 성공하면 모두가 먹고 살 만하게 도움을 준다고 합니다. 가족 친지 이웃 그리고 사회로, 나라로, 지구촌으로 물질적인 나눔을 확대하는 것입니다.

감사와 보시를 잘하려면 어떻게 하면 좋을까요? 인생 삼박자에서 이야기했듯이 가족의 문화로 만들어 가면 좋겠지요. 월초에 날을 정해 이번 달에 각자가 행할 보시와 감사의 행동을 이야기 나누고 써 붙여 놓고 실천한 후 다음 달에는 그 실천한 것을 가지고 이야기를 나눕니다. 그리고 다시 다음에 해나갈 보시와 감사를 정해 써 붙이고 실천하며 이렇게 가정 전통문화로 자리 잡아간다면 참 살기 좋은 세상이 되겠다 싶습니다.

말벗이 되어준 내 친구 레이니

학자요 정치가요 목사이며 주한 미국 대사였던 제임스 레이니는 임기를 마치고 귀국하여 에모리 대학의 교수가 되었습니다.

학교까지 매일 걸어서 출퇴근하던 어느 날, 쓸쓸하게 혼자 앉아있는 노인을 만났습니다. 레이니 교수는 노인에게 다가가 다정히 인사를 나누고 말벗이 되어 주었습니다. 그 후로 그는 시간이 날 때마다 노인을 찾아가

잔디를 깎아 주거나 커피를 함께 마시면서 2년 정도 정을 나누었지요.

그러던 어느 날 출근길에 노인이 안 보이는 거예요. 그래서 그는 노인의 집으로 들어가 보았습니다. 안타깝게도 전날 밤 그 노인이 돌아가셨다는 것을 알게 되었습니다. 곧바로 장례식장으로 찾아가 조문을 하게 되었습니다.

그런데 그 노인이 바로 '코카콜라 회장'을 지낸 분이셨습니다. 깜짝 놀랐지요. 그때 유족 한 분이 노인이 남긴 유서라며 봉투를 건넸습니다. 레이니 교수는 유서 내용을 보고 더욱 깜짝 놀랐습니다.

"2년여 동안 내 집 앞을 지나면서 나의 말벗이 되어주고 우리 집 뜰의 잔디도 함께 깎아 주며, 커피도 나누어 마셨던 나의 친구 레이니, 고마웠어요. 당신에게 25억 달러와 코카콜라 주식 5%를 유산으로 남깁니다."

너무나 뜻밖의 유산을 받은 레이니 교수는 벼락부자가 되었습니다. 그러나 그는 그 유산을 또 베풀고 나누었습니다. 에모리 대학 학생과 학교를 위한 발전기금으로 내놓았고, 그에게는 에모리 대학의 총장이라는 명예가 주어졌습니다. 감동적이지요.

감사할 것은 어떤 것이 있을까?

감사함을 엄청난 나눔으로도 표현할 수도 있다는 것을 알게 되었습니다. 감사 표현을 하면 어때요. 그렇죠. 받았지만 당당하고 베푼 사람도 기분이 좋습니다. 감사할 것을 좀 더 자세하게 살펴볼까요?

우리가 일상적으로 하는 감사하기가 있습니다. 감사한 일이 생겼을 때 즉시 표현하는 것 잘하고 계시지요? 작은 것이라도 도움받은 일엔 즉시 감사 표현을 해야 합니다.

감사를 아예 일기로 매일 쓰는 사람들도 많이 있습니다. 감사 일기를 쓰게 되면 하루하루가 더욱 즐겁고 행복해집니다. 또 과거에 감사 표현하지 못했던 것을 찾아 감사 표현을 합니다. 잊었던 것이 생각이 나면 바로 감사 전화를 하는 것이지요. 뒷북이라도 치라는 것입니다. 감사 표현 안 한 것도 빚이거든요. 깜빡 잊었던 감사를 세상 떠나기 전에 다 하고 가면 얼마나 좋겠습니까? 우리 모두 언제 떠날지 모르니 생각나면 바로 표현합니다.

다음은 당연시했던 것에 대해 감사점을 찾아 감사하는 것입니다. 아침에 학교에 가거나 출근을 했는데 저녁에 무사히 집에 돌아오는 것은 당연한 걸까요? 기적일까요? 기적입니다. 뉴스를 보면 생각지도 못한 사고로 어처구니없이 집에 다시는 못 가게 되는 사람이 너무나 많지요. 그것이 남의 일이 아닙니다.

"오늘도 이렇게 무사히 들어오시니 감사합니다."

"학교에 잘 다녀오니 고맙다." 이렇게 사소한 것 같은 그러나 정말 중요한 일상적인 일에 감사 표현을 꼭 해야 합니다. 아마 부모님께 가장 많이 해야 할 것 같습니다. 부모님이 해주시는 것은 당연하게 받는 것으로 알았지만 그렇지 않습니다. 다음 얘기를 들으시면서 어떤 때 감사해야 하는지 생각해보시기 바랍니다.

평생 행복할 수 있는 비결은,

평생 행복하게 살다 간 한 할머니가 계셨습니다. 그 할머니가 소녀였을 어린 시절에 산길을 걷다가 거미줄에 걸려 있는 나비 한 마리를 발견하고 불쌍해서 살려주었습니다.

나비를 살려주었더니 나비가 천사로 변하며 "나를 구해주어 감사합니다. 소원을 하나 말해보세요."

그래서 소녀는 "나를 세상에서 가장 행복한 사람이 되게 해주세요."라고 했더니 나비가 귀에 대고 그 방법을 알려주었습니다.

정말 그 소녀는 평생 행복하게 살다 늙어 돌아가시게 되었는데, 사람들은 평생을 어떻게 그렇게 행복하게 살았는지 궁금해서 여쭤보았습니다.

그랬더니 할머니는 웃으시며 "어렸을 적 나비 천사를 구해주었지. 그 나비가 나를 평생 행복한 사람으로 만들어주었단다. 그 나비 천사는 내 귀에 대고 이렇게 속삭이는 거야."

"소원을 들어드릴게요. 당신에게 무슨 일이 일어나든지 무슨 일을 당하든지 간에 언제나 감사합니다라고 말하세요."

"그때부터 나는 무슨 일이든지 감사하다고 말을 했어. 그랬더니 정말 평생 감사하면서 이렇게 행복하게 살 수 있었단다. 너희들이 내 곁에 있어줘서 정말 고맙고 행복했단다." 이렇게 말씀하시고는 스르르 눈을 감으셨습니다.

언제 감사해야 할까요? 좋은 일이 일어나면 당연히 감사해야겠지요.

그러나 나쁜 일이 일어나도 그보다 더 심한 일이 일어나지 않은 것에 대해 감사해야 합니다. 또 그 나쁜 일로 인해 내게 어떤 기회가 오게 될지는 아무도 모르는 것입니다. 모든 일이 '감사거리'입니다. 가진 것을 바라는 마음 없이 베풀고 나누며 감사만 표현한다면 행복은 늘 내 편이 되어줄 것입니다.

마무리와 3행시

오늘은 우리가 가장 잘하고 있는 '보시와 감사'에 대해서 나눴습니다. 몸과 마음과 물질로 나눔을 실천하고 받은 나눔에 대해 빠짐없이 감사를 표현할 줄 아는 삶으로 행복을 내 편으로 만드시기 바랍니다.

오늘은 '정덕모' 삼행시로 마치겠습니다.

정 : 정말 고맙습니다.

덕 : 덕분에 날마다 행복이 더욱 커짐에 감사드립니다.

모 : 모두에게 주어진 '하루라는 선물' 속에서

　　보시와 감사 표현으로 더욱 행복하시기 바랍니다.

　　고맙습니다. 사랑합니다. 축복합니다. 행복하세요.

사과와 관용

사과와 관용은
행복의 필수 조건이다.

사과할 일을 만들었으면
사과하면 된다.

사과받을 일이 생겼다면
어떻게 할까?

쉽지는 않겠지만
용서를 하면 된다.

복수를 하려 마음을 끓이면
결국 나를 병들게 한다.

그럴만한 사정이 있었겠지.
하며 관용하는 순간

내가 편안하고 행복해진다.

6강 교류사덕 중 사과와 관용
좋은 관계 회복하기

지난 이야기

지난 시간에 '보시와 감사'에 대해서 이야기 나누었지요? 요즈음 어떠세요? 보시와 감사를 많이 하고 계신가요? 덕담도 많이 하시고 수희 칭찬도 많이 하시지요. 평소에 다 알고 하던 것이지만 이렇게 이야기를 한번 더 들으면 좀 더 마음을 쓰게 되어 생각하고 실천을 하게 됩니다.

그래서 안 듣는 것보다는 듣는 게 좋고 거기다 실천까지 한다면 삶이 좀더 풍요로워지겠지요. 저도 강의하면서 이야기 나눈 것을 실천하려고 노력하다 보니 점점 더 행복해지고 인간관계도 더욱 좋아지며 소통이 잘 되어 참으로 감사하고 기쁩니다.

간디의 신발 한 짝

인도 건국의 아버지 간디가 어느 날 출장길에 나섰는데 기차에 급하게 올라타다가 그만 신발 한 짝이 플랫폼에 떨어지고 말았습니다. 이미 기차가 움직이고 있었기에 신발을 주울 수가 없었습니다.

그러자 간디는 얼른 나머지 신발 한 짝을 벗어 떨어진 신발 쪽으로 던졌습니다. 동행하던 사람이 깜짝 놀라 "아니 왜 그러십니까?"하며 이유를 물었습니다. 간디는 미소를 지으면 대답했습니다.

"어떤 가난한 사람이 바닥에 떨어진 신발 한 짝을 주웠다고 상상해보세요. 신발 한 짝은 아무런 쓸모가 없을 겁니다. 하지만 이제는 나머지 한 짝도 갖게 되었으니 얼마나 기쁘겠습니까?"

어차피 간디도 한 짝을 신고 다닐 수는 없는 것이었지만 그 짧은 순간에 이런 생각을 할 수 있었다는 것이 평소 그의 품성이 어땠는지 알 수 있는 정말 감동적인 장면이지요. 우리도 이런 삶을 닮아본다면 어떨까요? '보시와 감사'를 생활 속에서 자연스럽게 실천하시는 여러분들이 되시기를 기원합니다.

교류사덕 중 사과(謝過)와 관용(寬容)

오늘은 교류사덕 중에서 마이너스를 주고받았을 때 어떻게 하면 좋을까? 에 대한 이야기를 나눠보겠습니다. 내가 누군가에게 실수를 하거나 불쾌한 상황을 만들었다고 가정을 해봅니다.

그럴 땐 어떻게 하면 좋을까요?

"미안합니다. 죄송합니다." 하고 사과를 하면 됩니다. 그러면 나쁜 상황에 반전이 일어날 수도 있겠지요.

"아유, 별말씀을요. 괜찮습니다." 그럼 상대가 나를 기분 나쁘게 했어요. 그럼 어떻게 하면 좋을까요? 똑같이 복수할까요? 아니죠.

이 세상에 실수 안 하고 잘못을 한 번도 저지르지 않는 사람이 어디 있겠습니까? 그러니 이해하고 용서를 하면 됩니다. '나도 그런 적이 있었지.' 라든가 '그럴 수도 있지.'라고 생각해 보면 마음이 편안해지고 상대를 이해하고 용서하게 됩니다. 그걸 두 글자로 관용이라고 합니다.

그래서 오늘은 '사과와 관용'에 대해서 이야기 나눠보겠습니다. 이제 교류사덕의 4가지 덕목이 다 나왔습니다.

보시, 감사, 사과, 관용!

이것은 행복을 원하는 사람이 살아가는 원리요, 순리입니다. 왜 그럴까요? 인간관계는 알고 보면 이 네 가지 관계와 상황밖에 없습니다. 상대와 플러스를 주고받거나 마이너스를 주고받는 것입니다.

플러스를 줄 때를 보시라 하고 플러스를 받았을 때 꼭 해야 하는 행동이 감사입니다. 또 상대에게 마이너스를 주었을 때 해야 하는 가장 좋은 행동은 사과입니다.

반대로 상대가 나에게 실수를 하거나 화를 내거나 하는 마이너스를 주었을 때 가장 바람직한 행동이 바로 관용입니다.

'보시 감사 사과 관용'을 교류의 4가지 덕성 즉 교류사덕이라고 합니다. 얼마나 멋집니까? 이왕 살아가는 세상인데 이렇게 살게 되면 행복과 평화가 차고도 넘치겠지요.

사과의 필요성

자, 그렇다면 마이너스를 주었을 때 "미안합니다." 하는 것은 왜 그래야 할까요? 그냥 당연한 것이지요. "미안합니다." 한 마디면 이해와 평화가 올 수 있기 때문입니다.

그런데 사과 한마디를 하지 않아 개인적으로 싸움이 일어나고, 국가적으로는 전쟁까지 벌어지는 사태는 인류 역사에 수없이 있었습니다. 지금도 우리 주변에서 흔히 볼 수 있지요.

요즘은 감정조절이 잘 안 되는 사람들이 많다 보니 별것 아닌 일로 죽음에까지 이르는 일도 종종 볼 수 있습니다. 할 수만 있다면 이런 나쁜 일들이 일어나지 않도록 해야겠습니다. 그리고 '바로 사과하지 못했을 때는 뒷북이라도 쳐라.' 그 뒷북이 수준 높은 인품의 표현입니다.

일단 사과해야 할 자리에 사과를 한다는 것은 얼핏 생각하면 별것 아닌 것 같지만 그렇지만은 않습니다. 그러나 사과의 공덕이 피차간에 많은 이익을 가져옴을 알게 되면 실천하기가 훨씬 쉬워지겠지요.

사과의 공덕은 어떤 게 있을까요?

첫 번째, 관계에 평화가 오게 되어 서로가 편안하고 행복해집니다.

두 번째, 용기의 덕성이 함양됩니다. 사과도 엄청난 용기가 필요합니다.

한두 번 하다 보면 사과하는 것이 쉬워지고, 사과할 일을 안 만들려고 노력하게 됩니다.

세 번째, 다른 사람들에게 그 사과의 덕성이 전염됩니다. '나도 잘못했을 때는 저 사람처럼 사과해야겠다.' 하고 서로 배우게 되는 것입니다.

사과는 알고 보면 다양한 이득이 따라오기 때문에 함께 살아가는 세상에서는 관계의 평화와 서로의 행복을 위해 좋은 행복도구임을 잊지 말아야겠습니다.

사과를 잘하려면,

듣고 보니 여러분들도 이제 사과를 잘하고 싶으시지요? 그런데 실은 그렇게 잘 안됩니다. 왜 그럴까요? 살아오며 잘 하지 않던 습성에 길들여져 그럴 수도 있고, 마음은 있는데 말로 표현이 잘 안 되는 이유도 있습니다.

그러면 어떻게 해야 되겠습니까? 그동안도 잘 해왔지만 이제부터 나는 더욱더 '사과와 관용을 생활화하리라.' 마음먹어야 합니다. 사과와 관용의 덕성이 길러질 때까지 반드시 해보리라. 다짐해보는 것입니다.

마음을 먹고 다짐을 해야 행동에 옮겨지는 것이니 별 묘수가 없습니다. 그리고 생활 속에서 실천을 해봅니다. 어떻게 실천하면 좋을까요? 감사할 때와 마찬가지로 하시면 됩니다.

먼저 상황이 일어났을 때 즉시 사과하는 것입니다. 미루다 보면 점점 어려워집니다. '아차 실수했다.' 싶으면 바로 사과를 합니다. 만약 즉시 못했으면 그날 안에 아니면 다음 날이라도 '난 사과는 반드시 한다.'를 실천합니다. 아마 점점 많은 사람들에게 신뢰를 받게 되고 관계가 부드러워질 것이라 장담할 수 있습니다.

두 번째는 시간이 날 때마다 과거의 나의 말과 행동들을 떠올려서 사과하지 않고 지나갔던 것을 찾아내어 사과를 하는 것입니다. 특히 누구부터 먼저 할까요? 가족부터 해야 합니다. 배우자나 자녀에게 옛날 것들을 샅샅이 뒤져서 조금이라도 마음에 걸리는 것이 있으면 사과를 해야 합니다. 진심 어린 마음으로 물론 작은 선물까지 곁들이면 더욱더 좋겠지요.

우리는 사실 가족에게 상처를 가장 많이 주고 살게 됩니다. 가장 가깝기 때문에 다 이해해주리라 착각하기도 하고, 만만하기 때문일 수도 있습니다. 요즘은 그런 사람이 드물긴 한데 어떤 사람들은 밖에 나가서는 말을 곱게 잘하면서 집에 와서는 말을 함부로 하는 사람들이 많았습니다. 가족이 가장 오랫동안 나와 함께하는 살아가는 소중한 사람임을 명심한다면 그렇게 할 수가 없겠지요.

또 내가 학창 시절 힘깨나 쓰는 사람이었다면 친구들에게 잘못한 것은 없는지 반드시 살펴봐야 합니다.

지난번 야구선수가 구단에 지명되었다가 철회된 것 아시지요. 고교 시절에 폭력을 휘둘렀던 것이 밝혀져서였지요.

누구나 실수를 할 수는 있습니다. 그러나 실수한 것을 정중하게 사과하는 것과 그렇지 않은 것은 결과가 하늘과 땅 차이로 달라질 수가 있습니다.

그리고 세 번째는 상대에게 직접 물어봐서 사과를 합니다. 뭔가 마음에 걸리는데 생각은 나지 않아요. 그러면 "혹시 내가 당신을 불쾌하게 만든 일은 없었습니까?"

"혹시 아빠가 너한테 잘못한 일은 없었니?"하며 물어보고 사과하는 것입니다. 최소한 3번 정도는 물어서 사과를 해야 합니다.

사과를 하고 나면 서로 마음이 개운해지고 새로운 정이 생기게 됨이 느끼실 것입니다. 그리고 사과는 한번하고 끝내면 안 됩니다. 3~4번은 해서 완전히 소멸시켜야 합니다. 사과도 안 한 것 남겨두고 세상을 떠나면 빚이 됩니다.

다음 생에서 그 사람에게 되로 준 것을 말로 갚게 될 수도 있습니다. 마음에 걸리는 것은 사과를 하여 싸악 ~~ 털고 가시면 좋겠습니다.

밥과 탐 이야기

미국에서 있었던 이야기입니다. 작은 시골 마을에 밥이라는 아이가 전학을 왔어요. 개구쟁이였던 탐은 친구들과 함께 밥을 수시로 괴롭혔습니다. 1년 후 밥은 또 전학을 갔고, 탐에게는 까마득한 옛날 일이 되어 잊혀졌습니다.

탐은 어른이 되어, 회사에서 지원하는 영성프로그램에 참가하게 되었습니다. 프로그램 중 '사과의 날'이 있었습니다. 살아오면서 저지른 사과할 일들을 모두 찾아내어 반드시 사과를 하라는 시간이 주어졌습니다.

탐은 사과할 일은 거의 다 했다 생각했을 때 갑자기 어렸을 적 기억이 떠올랐습니다. 개구쟁이이던 초등학교 시절, 전학 온 밥을 친구들과 괴롭혔던 일이 생각난 것입니다.

"사과할 일들을 샅샅이 찾아내어 오늘 안으로 모두 사과하십시오." 마스터의 말대로 어렵게 탐의 전화번호를 알아내어 전화를 했습니다.

탐은 침울한 목소리로 전화를 받는 밥에게 진심으로 사과를 했습니다. 아무 소리 없이 듣고 있던 밥의 "알았네."하는 대답을 듣고,

"며칠 내에 꼭 찾아가서 진심으로 다시 한번 사과하겠네. 미안하네." 하고 끊었습니다.

수련이 끝나고 집에 돌아온 탐의 눈에 대서특필된 신문기사가 눈에 들어왔습니다. 살인을 저지르고 자수한 밥의 이야기였습니다.

밥은 집안 사정으로 전학을 많이 다녔는데 가는 학교마다 탐처럼 괴롭히는 아이들이 있었습니다. 어른이 되어 직장에 들어가서도 또 다른 일을

해도 사람들에게 많은 상처와 괴롭힘을 당하게 되었고 그러다 보니 일이 잘 풀리지를 않았습니다.

그래서 차츰 세상에 대해 원망을 하게 되면서 끝내는 자살하기로 마음먹었습니다. 죽으려 생각하니 억울해서 '내가 이렇게 혼자 갈 수는 없다.'는 생각이 들었습니다. '나에게 상처 준 놈들을 다 죽이고 가리라.' 마음먹고 10명의 리스트를 작성했습니다.

첫 번째 사람은 벌써 세상을 떠나게 했고, 두 번째가 탐이었는데 탐에게 사과 전화를 받았던 것이지요. 그러면서 마음이 바뀌어 자수를 하였다는 이야기였습니다.

탐이 그때 사과 전화를 하지 않았다면 리스트에 있던 사람들의 운명은 어떻게 되었을까요? 탐과 밥은 어떻게 되었을까요?

이렇게 사과의 말 한마디가 여러 사람의 생명을 살리는 기적을 만든 것입니다. 사과의 힘이 느껴지시지요.

관용 이야기

또 상대방이 나에게 마이너스를 주었습니다. 그러면 복수를 해야 할까요? 복수를 하는 대신에 용서와 관용을 베푸는 것입니다. 어렵지만 당연한 일이지요. 아픔을 주고받으며 사는 것이 인생입니다. 때론 아픔을 받을 수 있는 것이 인생이려니 여기며 관용을 하라는 것입니다. 그래야 나도 잘못했을 때 용서받을 수가 있겠지요.

관용을 하게 되면 어떤 좋은 점이 있을까요? 관용을 하게 되면 당했던 아픔이 사라지고, 내 인품이 향상되는 자신을 보면서 스스로 뿌듯해집니다. 그리곤 시간이 지나면, 그 일이 별일 아니었음이 깨달아지기도 합니다.

그리고 관용을 받은 사람은 어떻겠습니까? 감동을 하게 됩니다. 내가 따귀를 맞아야 할 순간에 안아줌을 받았다는 것, 이것은 감동입니다. 감동한 사람은 은혜를 갚게 되고, 그 사람도 다른 사람들에게 관용을 베풀게 될 것입니다. 그래서 사과와 관용이 세상에 널리 퍼져 점점 좋은 문화로 만들어지게 됩니다.

관용을 잘하려면

내가 마이너스를 받았을 때 복수의 칼을 갈지 않고 따뜻하게 안아준다? 이것은 대단한 일입니다. 그러나 쉽지는 않습니다.

그래서 관용도 학습과 연습이 필요하겠지요. 이렇게 학습과 연습이 필요한 관용은 내 생각과 의식의 수준을 높여두는 것이 중요합니다.

나는 아무 잘못도 하지 않은 것 같은데 이웃 사람이 찾아와 "이놈아!" 하면서 화를 내는 것입니다.

그렇게 되면 나도 순간 화가 납니다. 그러나 화를 잠시 참으면서 세 가지가 바로 떠오르도록 마음의 힘을 키워야 합니다. 이렇게 키운 마음을 내 행복창고 안에 저축을 해둔다면 언제라도 꺼내 쓸 수가 있겠지요. 무엇을 저축해야 할까요?

첫 번째는 '나의 부덕(不德)이다.' 라고 생각하는 것입니다. 내가 평소에 좀 더 친절하고 인간관계를 잘 맺어놓았더라면 저 사람이 나에게 "이놈아" 했겠느냐 하며 잘못의 화살 시위를 나에게 돌릴 줄 아는 덕성을 키우는 것이지요. 그것이 나의 부덕에 유념하는 것입니다.

두 번째는 나의 인과(仁果)다. 내가 공격받을 만한 원인을 제공했다는 것입니다. 어떤 경우에도 원인 없이 결과(結果)만 덜렁 나타나는 법은 없습니다. 그 결과(結果)를 부르는 원인(原因)이 있었던 것입니다. 그러한 원인(原因)을 내가 나도 모르는 사이에 지을 수도 있는 것이지요.

그러면서 '나의 인과(因果)다.' 하는 점을 유념하는 것입니다. '모든 책임은 나에게 있다.'라고 생각합니다. 때론 억울하다는 생각도 들겠지만 곰곰이 생각하면 변명할 수 없는 진리입니다. 원인 없는 결과는 없는 법이지요.

세 번째는 '그의 아픔이다.' 그 사람이 나에게 공격을 할 때는 그 사람도 아프기 때문에 그러는 것입니다. 아직 인품이 성숙하지 않은 아픔, 성장 과정과 현실에서 극복하지 못한 그 만의 아픔의 과정이 있기 때문에 그런 행동을 하는 것이지요.

'나의 부덕이다. 나의 인과다. 그의 아픔이다.'

이렇게 생각을 조금만 바꾸게 되면, 내가 공격과 아픔을 받았을 때 복수를 한다거나, 소리치고 싸움을 할 염려는 없어지게 됩니다.

좋은 이야기 하나

한 노인이 빵을 훔쳐 먹다가 재판을 받게 되었습니다. 판사가 법정에서 노인을 향해 "늙어가지고 염치없이 빵이나 훔쳐 먹고 싶습니까?"라고 한마디를 던졌습니다.

노인이 그 말을 듣고 눈물을 글썽이며 "사흘을 굶었습니다. 그랬더니 그때부터 아무것도 안 보였습니다. 그래서 빵을 훔쳐 먹게 되었습니다."

판사는 이 노인의 말을 듣고 한참을 고민하더니 "당신이 빵을 훔친 절도행위는 벌금 10달러에 해당됩니다."라고 판결을 내린 뒤 방망이를 "땅땅땅" 쳤습니다.

방청석에서는 인간적으로 너무 불쌍하고 판결이 과하다고 웅성거렸습니다. 고작 빵 하나를 훔친 것이니 용서받을 줄 알았던 것이지요.

그런데 판사가 판결을 내리더니 자기 지갑에서 10달러를 꺼내 들고 다음과 같이 말하는 것이었습니다.

"그 벌금은 제가 내겠습니다. 제가 그 벌금을 내는 이유는 그동안 좋은 음식을 많이 먹은 죄에 대한 벌금입니다. 저는 그동안 좋은 음식을 아무 생각 없이 너무 많이 먹었습니다. 오늘 이 노인 앞에서 반성하고 그 벌금을 대신 내어드리겠습니다."

이어서 판사는 "이 노인은 이곳 재판장을 나가면 또 빵을 훔치게 될 것입니다. 그러니 여기 모여 방청한 여러분들도 그동안 좋은 음식을 많이 드신 대가로 이 모자에 돈을 조금씩 기부해 주시면 좋겠습니다."

그러자 방청객들도 십시일반 호주머니를 털어 모금을 했고, 그 모금액 47달러를 노인에게 주었습니다. 이 재판으로 그 판사는 유명해져서 나중에 워싱턴 시장까지 하게 되었습니다.

마무리와 3행시

저에게 "넌 잘 하고 있어?"라는 질문을 하시는 건 반칙입니다. 저도 실수를 해가며 배운 대로 이야기 나눈 대로 잘 하려고 노력을 하고 있거든요. 인간관계에서 마이너스를 주고받게 되면, 사과와 관용을 꼭 실천하셔서 주변을 따스하게 변화시키는 인품이 되시길 기원드립니다.

오늘은 "사과해" 삼행시로 마치겠습니다.

사 : 사과와 관용을 행복도구로 자주 사용하신다면

과 : 과도한 욕심을 부리지 않게 되니,

해 : 해처럼 밝고 따뜻한 삶을 살게 되시리라 믿습니다.

고맙습니다. 사랑합니다. 축복합니다. 행복하세요.

5대 악성받기

5대 악성받기는

특별히 잘못한다는 생각도 없이
상대의 말에
내 멋대로 대꾸하는 것입니다.

말하는 사람의
마음을 공감해주지 않고
내 마음대로 해석하고
대꾸하여 상처를 주는 것이지요.

대화를 나눌 때는
언제나
상대의 마음에 깨어있어야 합니다.

5대 악성받기는
상대를 죽이고, 관계를 망치는
악당 중, 최고 악당입니다.

7강 5대 악성받기
대화 중 저지르기 쉬운 실수 5가지

지난 이야기

지난 시간에 '교류사덕 중 사과와 관용'을 나누었습니다.

인생이란 서로 무언가를 주거니 받거니 하며 사는 게 전부입니다. 그중 잘못된 것을 주거나, 잘못된 것을 받았다면 사과와 관용의 미덕이 필요하지요. 사과를 잘하면 관계에 평화가 오고 사과할 줄 아는 용기의 덕성이 함양됩니다.

그리고 다른 사람들에게도 사과의 덕성이 전염되어 언성 높일 일이 없어집니다. 관용을 하게 되면 상대의 아픔을 이해하게 되고 내 마음이 넉넉하고 평화로워집니다. 관용을 받은 사람은 감동을 하게 되고 감동한 사람은 은혜를 갚게 됩니다. 그리고 다른 사람들에게 관용을 베풀게 될 것입니다. 그래서 사과와 관용은 우리 사는 세상을 더욱더 평화롭게 만들어 주는 것이지요.

5대 악성받기

5대 악성 받기가 무엇인지 궁금하시지요? 5대 악성받기라는 것은 편의상 5라고 한 것입니다. 3이라고 해도 좋고, 7이라 해도 좋고, 경우에 따라서는 100대 악성받기라고 해도 됩니다. 우리들 주변에서 흔히 있을 수 있는 경우를 몇 가지 끌어다 우선 5라고 했습니다.

악성받기란 잘못된 받기를 말합니다. 우리들이 소통을 잘하려면 주거나 받거니를 잘해야 하는데 상대방의 말을 받는 과정에서 잘못할 수가 있다는 말입니다.

상대의 말을 받을 때는 왜 받겠습니까? 저 사람과 소통을 더 잘해서 우의를 돈독히 하고 관계가 좋아지려고 하는 것입니다.

그런데 이야기를 할수록 우의를 해치고 소통을 가로막고 관계를 나쁘게 할 수 있는 것이 악성받기입니다.

받기를 할 때 '받기 3박자'와 같은 틀을 알고 있으면 받아주기가 쉽습니다. 받기 3박자를 다시 한번 짚어보겠습니다. 일단 상대의 이야기를 집중해서 앵무새처럼 말할 수 있게 듣는 경청이 첫째입니다.

둘째는 말하는 사람의 마음을 공감해주는 것입니다. '화가 났구나. 속이 상하는구나. 편들어 달라는 것이구나!'를 아는 것이지요. 그 말의 옳고 그름을 따지거나 문제해결을 해주지 말고 마음만 알아주면 됩니다.

셋째는 격려하고 지지하고 인정하고 이해해서 그 사람의 마음을 편안히 해주며 긍정감을 살려주는 것입니다.

그런데 잘 받아주다가도 조금만 부주의하면 자칫 악성 받기가 될 수 있습니다. 그래서 받을 때 유념할 것들을 익혀서 익성받기라고 하는 함정에 빠지지 말자. 하는 것이 이 시간의 주제입니다. 그러면 악성 받기에는 어떤 것이 있을까요?

불경청 받기

첫 번째 '불경청 받기'입니다. 너하고 나 사이에 주거니 받거니 할 때, 상대방에게 관심을 기울이고 잘 들어야 하는데 건성으로 들으며 경청을 하지 않는 것입니다. 대충 듣고 받기를 했다 하면 상대가 "서쪽으로 갈 거야." 했는데 "동쪽으로 간다며." 하게 됩니다.

엉뚱한 받기가 되는 것이죠. 그래서 '사오정 받기' 라고도 합니다. 불경청 받기는 많은 사람이 범하는 실수의 하나입니다.

한풀이 받기

　두 번째는 '한풀이 받기'입니다. 예를 들면 상대방이 "우리 남편이 이러 저러해서 내가 속상하다."고 표현을 했는데 "응, 그래? 네 남편이 이러저 러해서 속상하다고? 그래. 너 참 힘들겠다." 해놓고는 "우리 남편은 어떤 지 아냐?" 하면서 자기 말을 끝없이 늘어놓는 것입니다.

　"우리 남편은 어쩌구 저쩌구" 하면서 상대방은 3분밖에 말 안 했는데 자기는 30분 동안 남편 타령을 합니다.

　그러면 말을 꺼낸 상대방은 어떻겠습니까? 내 마음 좀 알아달라고 말을 꺼냈다가 듣는 척 한마디 해놓고는 자기 한풀이를 마구 해대면 '너 같은 인간하고 다시는 이야기하고 싶지 않다.' 하는 사태가 벌어지게 됩니다.

　물론 내 이야기를 내놓지 말라는 것은 아닙니다. 우선 말을 꺼낸 상대방 의 이야기를 충분히 받아주어 그 사람 마음을 풀어준 다음에 내 이야기를 하면 되는 것입니다. 상대방을 받아줘야 할 시간에 내 이야기로 넘어가서 내 한풀이를 해서는 안 된다는 것이지요. 많은 사람이 범하고 있는 악성 받기입니다.

충고받기

　다음은 세 번째 '충고받기'입니다. 어떤 것이 충고받기일까요?

　"우리 시어머니가 이러저러해서 힘들어 죽겠어." 합니다.

　"아, 그래? 너 그렇다면 정말 힘들겠다." 해놓고는 "그래도 네가 이해해 야지 어떻게 하겠냐? 네 시어머니가 네처럼 공부를 했겠니? 직장을 다녀 봤니? 뭘 아시겠어." 하면서 분석과 평가를 곁들인 충고를 하는 것입니 다.

　그게 말문을 꽉 막히게 하는 충고라는 것을 모릅니다. 누가 그거 몰라서 얘기 꺼냈나요? 내가 힘드니까 그냥 내 얘기 들어주고 나를 좀 알아주고,

내 편 좀 들어달라는 것뿐이었지요. 그냥 털어놓자고 한 얘기에 아는 척을 하며 충고를 해대면 말문이 막히고 틀린 말은 아니니 화도 못 내고 속이 답답하고 기분이 나쁩니다.

이 세상에 충고받기 좋아하는 사람은 아무도 없습니다. 그러니 충고는 일단 하지 않는 것으로 해두어야 합니다. 상대방이 "시어머니가 여차저차해서 힘들어 죽겠다."하면 "아이고 그런가, 정말로 네 마음이 힘들겠네. 그래도 네가 속이 깊어서 잘 견디고 사는 것 같아. 나 같으면 벌써 뒤집어 엎었을 거야."

이렇게 마음만 알아주고 상황을 잘 이겨내고 있다고 격려해주면 되는데 충고인 줄도 모르며 충고를 하면 어떻게 되겠습니까?

'충고받기 좋아하는 사람 세상에 아무도 없다.'라는 촌철 꼭 기억하시면 좋겠습니다.

일반화 받기

네 번째는 '일반화 받기' 입니다. 친구가 "우리 아들이 드디어 이번에 K대를 붙었어."하고 전화를 했습니다.

"와아, 그래, 너무 좋겠네. 축하해. 한턱 내. 너 진짜 고생 많이 했다."

이 정도로 끝내고 상대의 기쁜 마음을 더 들어주어야 하는데 "그런데 아무개 딸도 아무개 아들도 K대 들어갔다던데?" 하면서 일반화를 시켜버립니다.

내 아들을 돋보이게 하려 했는데 누구도, 누구도, 다 그렇다니 어떻겠습니까? 자랑한 것이 무색해집니다. 아들 자랑 좀 하려고 했던 사람이 머쓱해져서 무어라 말도 못 하고 속이 뒤집어지는 것이지요.

'너하고 다시는 이야기하고 싶지 않다.' 하는 상태가 되고 맙니다. 정신을 바짝 차리고, 상대방 경사만 받아주고 박수를 쳐주라는것입니다.

비교받기

마지막으로 '비교받기'가 있습니다. 친구가 "우리 아들 K대 들어가서 나 정말 오랜만에 행복해"라고 하니까. "어 그래, 축하해 좋겠다. 고생 많이 했다. 그런데 아무개 딸은 S대 들어갔고, 길동이 아들은 Y대 들어갔다고 하더라."

이렇게 비교받기를 해버렸다 하면 이것은 사약이나 다름없습니다. 죽을 때까지 '너하고 다시는 만나지 않겠어.' 하는 마음이 될 수도 있습니다.

이 다섯 가지 중에서, 가장 많은 사람이 범하고 있는 것은 '충고받기'입니다. 아는 것이 많을수록, 경험이 많을수록, 지위가 높을수록 조심하셔야 합니다. 잘못하면 꼰대가 됩니다. 내가 충고하지 않아도 자기 일은 자신이 다 해결할 수 있습니다.

상대가 진심으로 나의 전문성 때문에 충고를 원하는 것이 아니라면 그 마음만 알아주면 되지 '이렇게 하면 좋다. 저렇게 하면 좋다.' 이런 말은 서로를 위해 하지 않는 게 최선입니다.

덧붙여 한 가지 더 얘기하고 싶은 것은 '비아냥 받기'를 절대하지 말아야겠습니다. 의외로 대화를 비아냥으로 이어나가는 사람을 자주 보게 됩니다. 상대에게는 비아냥거리며 말을 하고는 자기를 누군가가 비아냥거리면 절대 용납 못 하고 화를 벌컥 냅니다.

어떤 사람이 한번 물었던 것을 다시 묻기라도 하면 "아니 넌 그거 그렇게 오래 하고도 왜 맨날 그 모양이냐? 때려 치워라 때려 처. 돌대가리 아니냐? 이리 가져와 봐 내가 해볼게."하는 사람을 가끔 보게 됩니다.

누가 잘 못하고 싶어서 잘 못하겠습니까? 대화와 받아주기는 상대방의 자존감을 살려주는 것이 아니라면 모두 악성 받기입니다.

공감, 지지, 격려가 아니라면 말 안 하는 것이 베스트표현입니다.

마무리와 3행시

소통과 나눔의 과정은 예술과 같습니다. 표현을 하고 받는 과정이 예술이 되는 세상을 만들고 싶지 않으십니까? 여러분들이 계신 곳이 언제나 잘 소통하고 잘 나누는 예술의 현장이 되셨으면 좋겠습니다. 악성받기 조심하셔서 관계평화 이루시고 행복 해탈하십시오.

오늘은 '3박자'로 마치겠습니다.

3 : 3박자 아시지요? 경청, 공감, +알파를 잘 하시고

박 : 박수까지 열렬히 쳐주신다면

자 : 자존감이 쑥쑥 올라가 그 사람은 못할 일이 없게
    될 것입니다.

고맙습니다. 사랑합니다. 축복합니다. 행복하세요.

수련 삼박자

허심, 경청, 주제몰입은
어떤 일에서나
우리가 가져야 하는
마음가짐입니다.

지나고 나서

아, 그때
내 마음을 비우고
다른 사람들의 좋은 말도 듣고
하고자 하는 일에 좀 더 집중했어야 하는데,
하는 순간 이미 늦었습니다.

지금 이 순간
깨어서
허심, 경청, 주제몰입하는
삶이 되시길 기원합니다.

내 삶의
순간순간이 수련 과정입니다.

8강 수련 삼박자
먼저 비워야 채워진다

지난 이야기

지난 시간에는 '악성받기'에 대해서 이야기 나눴지요.

마음에 찔리시는 게 있으셨나요? 듣고 나니 악성받기 안 해야겠다. 하고 조심도 되시지요? 그렇게 하면서 모를 때보다는 악성받기를 덜 하게 됩니다. 자기 마음 알아달라고 터놓는 자리에 내가 이렇게 잘 알고 있다고 아는 척을 하며 문제해결을 해주려 덤벼서는 안 됩니다. 해결해 달라고 말한 것이 아니라 내 화난 마음, 억울한 마음을 알아주고 편들어달라고 하는 것입니다.

서로의 속마음 알아주고 격려하고 지지하는 친구나 배우자나 부모가 되어 주신다면 얼마나 좋겠습니까!

지금은 수련 삼박자

그런데 우리가 받아주기도 잘해야겠지만 강의를 듣거나 이야기를 나눌 때는 듣기를 잘해야 합니다.

그래서 오늘은 듣기 삼박자, 입력 삼박자라고도 할 수 있는 '수련 삼박자'에 대해 이야기 나누도록 하겠습니다. 행복마을에서 수련 시작 첫날 해주시는 말씀입니다. 행복마을에 오신 분들은 이미 여기저기 수련을 많이 다니신 분들입니다.

그러니까 속에 든 것이 많아서 수련내용을 그대로 받아들이는 것이 아니라 비교하면서 옳고 그름을 따지면서 자기가 선별을 해가면서 받아들이려 하니 수련의 효과가 반감됩니다.

그래서 첫날 이 강의를 하십니다. 이 강의를 듣고 나면 정신이 번쩍 들어 수련에 집중하게 되고 수련의 공덕을 그대로 가져가게 됩니다.

그래서 수련 삼박자라고 이름 붙여진 것이지요.

'지금까지 알고 있던 것은 싹 비워 마음을 깨끗이 하고 행복마을의 가르침을 그대로 받아들여 보자.'

그런데 인생도 수련의 한 과정이라고 생각하면 어떨까요? 수련 삼박자를 잘 적용한다면, 인생이 더욱더 풍요롭고 즐거워질 수 있겠지요.

수련 삼박자

인생을 잘 살아가려면, 무엇인가 내 정신과 혼의 성장을 위한 영양분이 필요합니다. 그렇게 필요한 영양분을 들어오게 하는 것, 그것이 입력한다는 것이지요. 강의를 듣고 대화를 하고 책을 읽으면서 인품의 성장을 위해 필요한 영양분을 흡수한다는 말입니다. 그런 과정 중에는 수련도 있는 것입니다.

그럼 입력과정이 효과적으로 되려면 어찌해야겠습니까? 받아들이는 내 속에 때가 덜 끼어 있어야 합니다. 때가 끼어 있으면 자연히 그 오염 때문에 들어오는 것을 방해하게 됩니다.

훌륭한 예술품이 쉽게 들어오지 못하고 좋은 지식이 잘 꽂히지를 않습니다. 이렇게 밖에서 들어오는 유익한 영양분을 효과적으로 흡수하기 위해 필요한 태도 세 가지가 수련 삼박자입니다.

수련 삼박자, 허심(虛心)

그중 첫 번째가 허심(虛心)입니다. 허심은, 마음을 허공처럼 비운다는 뜻이지요. 허공처럼 마음을 비운다면 입력되는 것이 그대로 흡수가 됩니다. 그래서 허심이라고 하는 것은 수련장에서뿐만 아니라 인생 전반에서도 매우 중요한 태도입니다. 수련 후에 '아 이것은 삶의 지혜 3박자구나.'

하며 많이 감동했습니다.

어떤 일을 시작하거나 누군가를 만날 때 전에 경험했던 기억의 마음을 싹 비워봅니다. 처음 만나는 마음으로, 처음 시작하는 마음으로 한다면, 언제나 호기심과 흥미를 느끼며 일을 할 수가 있습니다. 그렇게 새로운 마음으로 늘 만날 수 있는 것이지요.

수련 삼박자, 경청(傾聽)

두 번째는, 경청(傾聽)입니다. 귀로 경청해야 할 상황들이 대단히 많은데 그렇게 무언가를 할 때 또는 들을 때 온갖 잡념들을 다 제치고 그것만을 하는 것, 듣는 것이 모두 다 경청적인 자세입니다.

경청의 뜻을 넓히면 귀로 듣는 것만이 아니라 경청적인 자세로 오직 그것에만 집중하라는 것입니다.

경청(傾聽), 이것은 참으로 중요합니다. 경청이란 그 메시지만 들어오도록 다른 것으로부터 그 메시지를 보호하는 자세로 통로를 열어주는 것이거든요. 그렇게 열어주면서 그것만 쏙 들어오는 마음가짐, 이것이 경청입니다. 인생살이에 있어서 많은 경우 마음을 비우고 경청을 잘한다면 좋은 결과가 당연히 올 것입니다.

수련 삼박자, 주제몰입(主題沒入)

허심한 마음으로 경청을 잘해서 받아들였다면 그다음에 반드시 필요한 마지막 과정이 있습니다. 주제몰입입니다.

주제몰입이란 한 주제를 가지고 무언가를 시작하면 결과물이 나올 때까지 한눈을 팔지 않고 끝장을 보는 것을 말합니다. 열심히는 하는데 결과가 나오기 전에 마음이나 흥미가 사라져 이리저리 옮겨 다니는 것은 주제몰입이라 할 수 없습니다.

허심과 경청의 목적은 주제에 몰입해서 제대로의 성과를 내기 위함입니다. 역사적으로 모든 천재, 세상에서 일가를 이루었다고 하는 사람들은 전부가 허심을 잘하는 사람이었고 경청을 잘하는 사람이었고 주제몰입을 잘하는 사람들이었다고 보면 딱 맞습니다. 이렇게 허심과 경청, 주제몰입 이 세 가지는 무엇인가를 입력하는 과정에 꼭 필요한 덕목들입니다.

사람은 인생살이 전반에 걸쳐서 죽음이 찾아올 때까지 가만히 있지를 않습니다. 무엇인가를 눈과 귀와 코와 입으로 혀로 몸으로 받아들이고 마음으로 받아들입니다. 이러한 전 과정이 더욱 효과적으로 되게 하려면 허심, 경청, 주제몰입이라는 세 가지 태도는 인생 3박자와 견줄 만큼 중요한 덕목입니다.

누가 가장 허심, 경청, 주제몰입을 잘했을까요?

주제몰입을 가장 잘한 사람은,

바다를 가고 있던 작은 배가 어느 날 갑작스러운 파도로 난파되어 세 사람이 무인도에 갇혔습니다. 세 사람은 매일, 열심히 신에게 기도하며 무사히 무인도에서 빠져나가 집에 돌아갈 수 있기를 간절히 빌었습니다.

그런데 세 사람 중 같은 일행인 두 사람은 서로 친하게 지내며 다른 한 사람을 괴롭혔습니다. 먹을 것이 있으면 두 사람만 배불리 먹고는 다른 사람에게 청소를 시키고 온갖 모욕과 멸시를 일삼았습니다.

그러던 어느 날, 기도의 응답인 듯 갑자기 하늘에서 큰 음성이 들렸습니다.

"내가 너희들의 간절한 소원을 들어주기로 했다. 각자 딱 한 번, 한 가지 소원만 말해보아라."

그러자 세 사람은 동시에 환호성을 쳤습니다. "야호, 살았다. 살았다."

첫 번째 사람이 말했습니다. "딱 두 사람이 탈 수 있는 크기의 뗏목을 주십시오. 그러면 고향까지 갈 수 있겠습니다."

두 사람은 서로 바라보고 빙긋이 웃었습니다. 나머지 한 사람을 두고 가겠다는 심보였지요.

"그래? 알았다." 이번엔 두 번째 사람이 말했습니다. "열흘 치 식량 두 사람분이 필요합니다." 그 정도면 충분히 육지에 도달 할 수 있다고 생각했습니다. 두 사람은 신나는 얼굴로 나머지 한 사람을 손가락질하며 조롱했습니다. 그러자 세 번째 사람이 무척 간절하고 천진한 얼굴로 신께 물었습니다.

"신이시여, 소원을 말하면 정말로 들어주십니까?"

"그래, 어서 말해 보아라. 한 가지 소원만 들어 준다."

"그럼 저의 소원은 ..." 뭐라고 했을까요?

둘이서 궁금하고 비웃는 표정으로 세 번째 사람을 쳐다보았습니다.

"저는 다 필요 없습니다. 오직 하나 집으로만 보내주십시오."

"오, 그래, 알았다. 그럼 약속대로 모두의 소원을 들어주마."

우렁찬 음성이 들리더니, 하늘로부터 열흘 치 식량을 실은 뗏목이 쏜살같이 떨어졌습니다. 뗏목이 땅에 부딪히는 순간 그 충격으로 뗏목은 산산조각이 났고 열흘 치 식량도 그만 모두 바다에 빠져버렸습니다.

세 번째 사람만이 하늘로부터 내려온 빛에 감싸여 유유히 무인도에서 빠져나가 집으로 돌아갈 수 있었습니다.

누가 하늘의 음성을 가장 허심, 경청, 주제몰입하며 잘 들은 것일까요? 많은 게 느껴지시지요? 욕심이 눈을 가리지 않는 지혜로운 삶이 되시길 빕니다.

3행시

오늘은 모두 다 허심하는 왕이 되시라는 뜻으로 '허심왕' 삼행시로 마치 겠습니다.

허 : 허심, 경청, 주제몰입을 잘한다면

심 : 심상의 수준이 높아져서

왕 : 왕처럼 모든 걸 누리며 행복한 삶을 살게 될 것입니다.

고맙습니다. 사랑합니다. 축복합니다. 행복하세요.

화삼요(和三要)

우리가
행복하려면
다른 사람들과 관계가 좋아야 합니다.

관계를 좋게 하는 방법
그것이
화삼요입니다.

상대를 판단 없이 그대로 볼 줄 아는
바른 눈

상대가 니를 예쁘게 봐줄 수 있는
바른 모습

그리고 서로의 속마음을 주고받는
교류가
바로 행복의 지름길이고,

그것이 화삼요입니다.

9강 화삼요(和三要)
관계의 평화를 부르는 3가지 원리

지난 이야기

지난 시간에 삶을 지혜롭게 사는 '수련 삼박자'에 대한 이야기를 나눴습니다.

어딘가에 가서 또는 무엇인가를 할 때 허심, 경청, 주제몰입을 잘하면 성공할 확률이 높다는 것이지요. 마음을 비우고 상대의 이야기를 집중해서 들으며 주제에 몰입한다면 삶을 지혜롭게 살 수 있다는 것입니다.

허심이 잘 되면 나만 옳다거나 나는 알고 있다는 생각이 사라져 들어오는 정보를 온전히 받아들일 수 있기 때문입니다.

그런 허심한 마음으로 경청을 생활화하고 주제에 몰입을 잘한다면 누구나 호감을 느끼고 그의 성공과 행복을 빌어주게 됩니다. 성공과 행복한 삶의 주인공이 되시기를 빕니다.

화삼요(화합의 3가지 요소)

오늘 공부할 주제는 '화삼요(和三要)' 곧 화합의 3가지 요소입니다. 화합에는 세 가지 길이 있습니다. 그 길을 화삼요라고 합니다.

화합이라고 하면 여러분 마음속에 어떤 것이 떠오릅니까?

'자신은 주변 사람들과 화합을 잘한다.' '우리 가족들은 참 화기애애하게 화합하며 잘 산다.' 그런 것이 떠오르시지요?

이제 화합이라는 이름으로 세상 사람들의 인간관계를 살펴보도록 하겠습니다. 당신은 화합을 잘하는 것 같으신가요?

관점의 문제이겠지만 화합을 한다고 하면 제법 잘하는 때도 있습니다. 그러나 화합을 잘 못 하는 상황을 보면 위태위태할 때가 많습니다. 곧 싸움이 일어나거나 전쟁이 터질 것 같은 상황이 벌어지기도 하는 것이지요. 인간이 더불어 산다 하면 언제라도 화합을 잘해야 합니다. 그래야 마음 편히 살 수 있지 않겠습니까?

화합(和合)이란,

화합이란 무엇일까요?

화합(和合)이란 '양자 사이의 우호감(友好感)의 총화(總和)'입니다. 화합을 잘하는 사람들은, 사람에 대한 우호감이 높습니다. 그래서 우호감의 총화(總和) 즉 우호감의 합계만큼이 화합이라고 보면 됩니다. 총화라는 말이 좀 예스럽지요? 그러면 우호감과 총화의 뜻을 살펴보겠습니다.

우호감(友好感)은 벗으로서의 호감을 느끼는 마음입니다. 총화(總和)란 전체가 서로 마음이나 뜻을 모아 화목하게 어울리는 것입니다. 그래서 '우호감의 총화'는 화합의 총합이며 벗으로서의 호감을 느끼고 서로 간의 마음이나 뜻을 모아 화목하게 어울리는 것입니다.

화합은 왜 필요할까요?

그러면 여러분들은 화합의 필요성을 얼마나 느끼십니까? 필요성을 느껴야 화합을 하지 않겠습니까? 필요성을 깊게 느끼면 화합을 잘하게 되는데 대충 느끼면 화합을 잘하지 않습니다. 그것이 딱 맞는 말입니다.

그리고 우호감이 없어도 화합을 하지 않습니다. 우호감이 있는 사람과 소통하며 즐겁고 평화롭게 살기를 원합니다. 우리가 즐겁고 평화롭게 살려면 서로 우호감이 있어야 하고 화합을 하는 것이 꼭 필요하다는 말이지요.

10년 사유의 길

그래서 스승님께서는 화합에 관심을 갖고 어떻게 하면 화합 수위를 높아지게 할 것인가? 에 대하여 사유를 시작하셨습니다.

그렇게 화합이라는 화두로 사유하고 고심을 하신 지 10년 정도 되셨을 때에 드디어, '아, 이 셋이면 된다.' 하는 생각이 떠오르셨고 이제 화합의 길은 이것으로 오케이다. 이것만 실천하면 된다. 하고 정리를 해주셨습니다. 이 세 가지는 '노벨평화상감이다.'라고 수련 때마다 말씀하셨습니다.

화합에 대한 사유를 시작하시고 막연 1년, 막연 2년, 막연 3년이 가고 막연한 마음으로 10년 정도 사유를 하시다 보니 화합의 원리가 선명히 보이신 것입니다. 너무나 쉽게 '아하'가 되는 이 화삼요가 한철학자의 10년 사유의 산물인 것입니다. 우리가 15분 강의 한 번이면 알게 될 화삼요가 10년을 사유하여 만들어진 것, 정말 고개숙여 깊이 감사드립니다.

처음에 이것을 깨달으시고 10년 세월이 아까워서 입 밖에 내기가 싫으셨다고 솔직하게 말씀하셨습니다. 이분이 바로 행복마을의 이사장님이신 용타스님이십니다.

"감사합니다." 하는 큰소리와 함께 힘찬 박수 부탁드립니다. 제가 전해드리는 모든 행복의 도구들이 역사에 길이 남을 스승님 사유의 선물입니다. 다시 한번 박수 보내주세요. 이렇게 간단 명료 적절하게 정리된 행복의 도구를 다른 곳에서는 찾지 못했습니다.

화합1, 보는 눈을 바르게 한다

나와 너 사이에 화합이 되려면 우호감이 높아져야 하겠는데 우호감이 높아지려면 그것은 바로 내가 저 사람을 예쁘게 보면 된다는 것입니다.

그럼 우호감이 높아지게 됩니다. 그렇게 예쁘게 보려면 어찌해야 합니까?

첫째는 '보는 눈을 바르게 한다.' 입니다. 보는 눈을 바르게 한다는 것은 우선 내 눈에 보이는 모든 것에 대하여 이렇다 저렇다 평가하지 않고 그대로 본다. 하는 것입니다. 오직 우주에 하나밖에 없는 그 존재의 소중함으로 보는 것이지요.

그게 잘 안되면 어떻게 할까요? 그러면 무엇이든 보이는 것은 모두 무조건 참 예쁘다, 멋지다, 훌륭하다. 로 보는 것입니다. 알고 보면 그렇지 않은 것은 단 하나도 없거든요.

우주에는 그 물건과 그 사람은 오직 하나밖에 존재하지 않으니 귀하지 않고 소중하지 않은 존재는 없는 것이라는 것을 우리가 어리석어 모르고 있을 뿐입니다. 그러니 보는 눈을 바르게 하면 모든 것이 다 예쁘게 보일 수밖에 없습니다.

민들레는 민들레라 예쁘고 벚꽃은 벚꽃이라 예쁘고, 장미는 장미라 예쁘고, 개미는 개미니까 예쁘고, 호랑이는 호랑이라 예쁜 것임을 아는 것입니다.

종교인들은 보는 눈을 바르게 하기가 더욱더 쉽습니다. 절에 다니는 사람이라면 '이분이 살아계신 부처이시로구나.'하고 존중하고 자비의 마음으로 대하면 됩니다. 교회를 다닌다면 '이분이 예수님이시로구나.' 하는 존중과 사랑의 마음으로 대하고 성당에 다닌다면 '이분이 성모님이시로구나.' 하고 존중과 사랑의 마음으로 대하는 것이지요.

보는 눈을 바르게 한다는 것은 최고 화합의 원리, 존중의 표현, 사랑의 표현입니다.

핑크대왕의 소원

분홍색만을 좋아하는 한 왕이 있었습니다. 베트남에 갔을 때도 분홍성당이 있었는데 아마 옛날 왕들은 분홍색을 좋아하셨나 봅니다.

이 왕은 신하들에게 세상의 모든 것을 분홍색으로 바꾸라고 명령했습니다. 신하들은 방방곡곡을 다니며 모든 것들을 분홍색으로 바꾸었습니다.

모든 건물에 분홍 페인트를 칠하고 모든 옷도 분홍색으로 염색을 했습니다. 온갖 노력을 하여 세상을 다 온통 분홍색으로 바꾸었는데 한 가지는 바꿀 수가 없었습니다. 바로 하늘이었습니다. 하늘은 너무 높고 넓어서 페인트로도 물감으로도 바꿀 수가 없었습니다.

왕은 고민 고민을 하다가 현명한 스승님께 여쭈어보았습니다.

스승님께서는 조용히 "왕이시여, 눈을 감아 보시지요. 그리고 잠시만 기다려주십시오."

잠시 후에 눈에 무엇인가를 씌우는 듯하더니 "자 이제 눈을 떠 보십시오." 눈을 뜬 왕은 깜짝 놀랐습니다. 세상의 모든 것이 하늘까지도 온통 분홍색으로 바뀌어 있었습니다.

"어떻게 된 일입니까?"

"왕이시여, 난 당신에게 분홍색 안경을 씌웠을 뿐입니다."

바로 이와 같습니다. 상대를 우호감을 가지고 볼 수 있는 마음의 안경을 딱 써 버리는 것입니다. 어떤 사람을 만나도 '이 사람은 참 좋은 사람이다.' '내 아들은 사랑스러운 아이다.' '내 딸은 지혜롭고 똑똑한 아이다.' 하는 안경을 쓰고 보는 것입니다.

이것이 보는 눈을 바르게 하는 것입니다. '그래서 옳지, 다 됐다! 나는 이제 보는 눈을 바르게 해서 상대방에 대한 우호감이 껑충 높아지리라!'

실제로 보는 눈에 관해 관심을 가지고 상대를 바라보게 되면 상대방이 마구 예뻐 보이면서 좋아집니다.

화합2, 보이는 모습을 바르게 한다

그런데 문제는 저 사람도 나를 좀 예쁘게 봐주면 좋겠는데 그건 내 마음대로 할 수가 없습니다. 상대에게 "너, 눈 좀 바르게 해서 나 좀 예쁘게 봐주라!" 그 말대로 해주면 좋겠는데 이것은 상당히 어려운 일이었습니다.

어떻게 하면, '저 사람 속에서도 나에 대한 우호감이 높아질 수 있겠는가?' 생각을 하고 또 하다 보니 그때 번쩍 떠오른 것이 있었습니다.

'아, 간단해. 내가 예쁘게 단장을 하면 되겠다.' 내 표정을, 말하는 것을, 행동하는 것을, 매무새를 세상 사람들이 보기에 좋아 보이도록 하면 되겠다 하는 생각에 다다랐습니다. 내가 내 모습을 단정하게 하고 마음도 단정하게 쓰고 겉모습도 깨끗하게 해서 상대방 속에서 나에 대한 우호감이 높아지게 하는 것입니다.

그것이 바로 둘째 '보이는 모습을 바르게 한다.' 입니다.

아, 그러고 보니 '보는 눈을 바르게 한다.'와 '보이는 모습을 바르게 한다.'가 화합을 결정하는 것이로구나. 결론을 내고 한동안 적용을 하며 사유를 하고 뿌듯하게 즐기셨는데 실제로는 그렇지만은 않다는 것이 하나둘씩 드러나는 것이었습니다.

화합3, 잘 교류한다

시간이 지날수록 이 두 개만을 화합론으로 내놓기로는 뭔가 부족한 느낌이 들었습니다. '어떤 사람은 보이는 모습이 단정하고 예의 바르고 교양까지 있는데' 그 사람을 싫어하는 사람도 있고 사이가 안 좋은 사람도 많이 있었습니다.

그래서 무엇이 좀 더 있어야겠다고 고심하고 있던 차에 너무나 쉬운 원리가 발견되었습니다. 그것이 무엇이었을까요?

셋째 바로 '교류'였습니다. 상대방과 내가 교류를 통해서 서로의 속 이야기를 나누는 것이었습니다. 함께 밥을 먹고, 같이 놀기도 하고, 도움을 주고받으며 서로 교류를 하는 것입니다. 이렇게 하다 보면 오해도 풀리고 정도 들면서 친해지지 않겠습니까?

교류로 다시 얻은 친구

고등학교 때 같은 반 친구가 있었는데, 나는 그냥 그 애가 싫었어요.

여러분도 그런 사람 있으시지요.

나한테 잘해주려고 하면 할수록 더 싫은 거예요. 나는 같이 다니기가 싫어서 학교만 끝나면 혼자 가려고 살짝 나와 먼저 가고 있으면 어느새 내 옆에 와서 같이 가자고 하며 이름을 부릅니다.

"싫다." 소리도 못 하고, 같이 다니던 어느 날 그 친구가 자기 속마음을 털어놓았어요.

"난 네가 좋아서 걸어서 여기까지 왔어. 네가 집으로 들어가면 나는 여기서 버스를 타고 더 가야해. 그리고 얼굴이 이래서 친구가 없었어."라는 이야기에는 정말 마음이 아팠습니다. 천연두 때문에 얼굴에 흉터가 많았거든요.

그러면서 이것저것 자기 속에 있던 것을 털어놓는데 괜히 싫어한 것이 너무나 미안하고 마음이 아팠습니다. 이렇게 그 친구의 마음과 사정을 이것저것 알고 나니까 이해가 되고 좋아졌습니다. 그때부터 우리는 단짝 친구로 지내게 되었습니다.

마무리와 3행시

'보는 눈을 바르게 한다.' '보이는 모습을 바르게 한다.'만 해선 화합이 잘 이루어지지 않더니 '잘 교류한다.' 까지 합쳐지니까 비로소 화합이 제대로 되었습니다.

이렇게 공부하고 보니 '보는 눈, 보이는 모습, 교류' 이 세 가지의 원리가 화합의 원리로서 최고라는 생각이 듭니다.

이것을 수련 프로그램으로 녹여내어 수련이 진행됐고 저도 그 혜택을 많이 받아 화합을 잘하며 살고 있습니다. 이왕 서로 관계를 맺고 살아야 한다면 화합을 잘하며 살아야 편안하고 행복하지 않겠습니까? 이제 화삼요를 행복도구로 잘 활용하셔서 여러분이 가시는 곳마다 화합 수위가 쑥쑥 높아지시기를 기원합니다.

오늘 끝인사는 '화삼요'로 하겠습니다.

화 ; '화삼요'를 생활 속에서 잘 실천한다면

삼 : 삼대가 편안하고 온 나라가 행복할 것입니다.

요 : 요렇게 좋은 방법을 화합의 도구로 잘 활용하셔서
　　 가는 곳마다 관계천국 만드시길 바랍니다.

고맙습니다. 사랑합니다. 축복합니다. 행복하세요.

역경계와 순경계

경계와 마주치는 과정

그것이 인생이다.

기분이 좋아지는 것은

순경계이고

괴로워지는 것은

역경계이다.

순경계는 즐기고

역경계는

나지사 명상으로 해결하면 된다.

QR코드를 스캔하면 행복특강 강의를
시청하실 수 있습니다.

10강 나지사 명상
분노 다스리기

지난 이야기

지난 시간에는 '화삼요'에 대한 이야기를 나누었습니다.

'보는 눈을 바르게 한다.' '보이는 모습을 바르게 한다.' '잘 교류한다.' 정말 멋진 행복도구입니다. 행복한 오늘과 내일을 위해 잘 활용하시기 바랍니다. '배운 대로 한다.'가 우리의 가장 강한 무기잖아요!

사람을 만나면 다 미워 보이고 내 모습은 지저분하고 말은 상스럽게 하고 사람들과의 대화를 단절하고 그렇게 살면 자기만 손해입니다.

'손해 보는 짓은 하지 말자.' 화3요를 행복도구로, 잘 활용하시어 인간관계의 평화와 행복을 누리시기 바랍니다.

나지사 명상

지난 시간에는 화합 잘하자는 이야기였다면 이번 시간에는 같은 화(和)자 돌림인데 화의 뜻이 전혀 다른 화(火) 다스리는 방법, 분노(忿怒) 다스리는 방법에 대한 이야기를 나눠보겠습니다.

그 이름도 처음 듣는 '나지사 명상'입니다. 나지사명상이란, 구나-겠지-감사의 뒷글자를 따서 만든 말입니다. 나지사 명상도 행복을 위한 하나의 도구요. 방편입니다.

인간의 삶이야말로 완전히 도구발전의 역사라고 해도 틀린 말이 아닙니다. 모든 문화 문명은 사실 전부 도구의 이름으로 다시 써도 될 것이라 여겨집니다.

기차의 시대, 비행기의 시대, 컴퓨터의 시대, 요즘은 스마트폰의 시대, 인공지능의 시대, 사람들은 왜 도구를 활용하고 발전시켰을까요?

'삶을 좀 더 편하고 즐겁게 살기 위해서'입니다. 인간들이 삶의 모든 측면에서 더욱 편안하고 더 즐기기 위해 개발한 것이 도구인 것이지요. 유형의 도구만 개발하는 것이 아니라 마음을 편안하게 하는 무형의 도구도 무수히 개발하고 있습니다.

그중 화(火)를 다스리는 최고의 행복도구가 '나지사 명상'입니다.

역경계와 순경계

지금부터 마음을 편안하고 즐겁게 하기 위해 '나지사 명상'이라고 하는 도구를 어떻게 활용해야 하는지 이야기 나눠보려고 합니다.

나지사 명상 도구를 활용하는 방법을 알아보기 전에 먼저 '경계'에 대해 알아야겠습니다. 인생은 살아간다는 것은 언제나 어떤 경계와 항상 마주치게 됩니다. 그럼 경계란 무슨 말일까요? '사물이 어떠한 기준에 의하여 나누어지는 한계'를 말합니다.

이것을 하려고 하는데 예기치 않은 일이 일어나는 것을 말합니다. 그 예기치 않은 경계가 순경계(順境界)와 역경계(逆境界)입니다. 어떤 상황이 자기 뜻에 부합되고 좋은 결과를 얻으면 순경계라 하고 나의 뜻에 어긋나고 결과가 좋지 않으면 역경계라 부릅니다.

물론 순경계냐 역경계냐 하는 것은 객관적인 사실이라고 할 수도 있지만 다 그렇지만은 않습니다. 어떤 사람에게는 순경계인 것이 다른 사람에게는 역경계일 수도 있습니다.

도둑질을 직업으로 하는 사람이 도둑질을 하러 갔다가 개가 짖는 바람에 물건을 못 훔치고 도망 나온 것은 도둑에게는 역경계인데 개가 짖어서 도둑을 맞지 않은 사람은 천만다행, 그것이 순경계가 되는 것입니다.

뱀을 예로 들어볼까요? 요즘은 파충류를 잡는 것을 법으로 금지하지만 옛날에는 집안 살림이 어려워 다른 고기는 못 먹고 아버지가 뱀이나 개구리를 잡아다 구워주거나 삶아주어 먹어본 사람이 있습니다.

그런 사람은 뱀이나 개구리를 보면 '야, 맛있겠다.' 하며 군침이 돌겠지요. 뱀이 순경계인 것입니다. 그러나 대부분의 사람에게는 뱀은 당연히 역경계가 될 수 있습니다.

흑산도를 떠난 이유

오래전 어떤 친구가 자기 집에 요즘 새로 이사를 들어온 사람의 이야기를 했습니다. 그 가족은 흑산도에서 살았는데 이사 온 이유가 태풍이 몇 년째 오지 않아서였답니다.

태풍이 오지 않아 집을 고치는 사람이 없어서 수입이 끊긴 거지요. 태풍이 오지 않는 것은 섬사람뿐만 아니라 우리 모두에게는 순경계인데 집을 고쳐야 수입이 생기는 사람에게는 역경계인 것입니다.

생각을 해보면, 세상 모든 일이 완전히 옳다거나 틀렸다거나 그것은 완전히 좋다거나 나쁘다거나를 단정 지어 말할 수가 없다는 것입니다.

그렇게 생각하면 나와 다른 생각과 행동을 하는 사람을 많이 이해할 수 있게 됩니다.

순경계 때는 기뻐지고 행복해지니 인생에서 이렇게 순경계만 접하고 산다면야 문제가 없습니다.

그런데 인생에는 순경계보다 역경계가 더 많을 수 있습니다. 여러분은 어떻습니까? 그럼 저는 어떠할 것 같으세요? 순경계만 있었을 것 같지요? 잘 웃고 밝게 행복강의를 하니 행복에 묻혀 사는 것 같이 보이지요. 사실 지금은 행복에 묻혀 삽니다.

그러나 전에는 많은 역경계에 부딪치며 앞이 안 보이도록 힘겹게 산 적도 있었습니다. 그래서 역경계를 극복하기 위해 마음공부와 행복 공부하는 곳을 이리저리 많이 찾아다녔지요. 그 결과 지금처럼 제 모습을 바꿀 수 있었고 행복을 전해드릴 수도 있게 된 것입니다.

이렇게 모습을 바꾸게 도와준 가장 큰 도구가 나지사 명상이었습니다. 나지사 명상이라고 하는 도구를 잘 활용하여 역경계를 순경계로 전환할 수가 있게 된 것이지요.

나지사 명상1, 구나

누군가가 갑자기 나에게 "이놈아!"라고 한다면 역경계라고 볼 수 있겠지요? 그럴 때 그것을 순경계로 바꾸는 것이 나지사명상입니다.

먼저 '구나'를 하는 것입니다. 천천히 말을 길게 늘여서 '길동이가 나에게 "이~~놈~~아~~"라고 하는구나,' 하고 감정을 삭제하고 마음으로 사진을 ~차알칵~ 찍습니다. 그렇게 사진을 찍어서 감정이 사라진 과거의 사진 한 장일 뿐으로 만들어보는 것입니다.

우리가 드라마를 볼 때 그 안에서 별별 일이 다 일어나도 우리는 그저 그 상황을 즐기며 떠들면서 볼 수가 있잖아요. 그렇듯이 내 감정을 그 사람의 감정에 휩쓸리지 않게 하면서 '저 사람이 큰 소리로 이~~놈~~아~~ 하는구나.'를 해보는 것이지요.

"이놈아"라는 말을 못 알아듣는 다른 나라 사람이라면 또는 상관없는 구경꾼이라면 화가 날까요? 안 나겠지요.

상대의 말에 담긴 감정을 생각하거나 따지는 것이 아니라 그 사람과 그 말을 저 멀리 떨어진 산처럼 생각하며 감정은 떼어놓고 소리로만 듣고 감상을 하는 것이지요. 그러면 어떤 사람이 나에게 "이놈아!" 한 상황이 역경계에서 순경계로 바뀔 수 있습니다.

나지사 명상2, 겠지

그다음은 '겠지'입니다.

저 사람이 나에게 이놈아 할 때는 '그럴만한 사정이 있었겠지.' 하는 것입니다. '원인 없는 결과 없는 법' 어떤 경우든 사정이 있기 마련입니다.

상대를 보고, '그럴만한 사정이 있었겠지.' 하게 되면 어떻습니까? 조금은 이해가 되고 화의 크기가 줄어들고 마음이 편안해지면서 고개가 끄덕여질 수 있습니다.

'겠지'라는 말속에는 또 내 인품이 그 사람 보기에 좋았다면 저 사람이 '이놈아'를 했겠는가? 그러니까 '나의 부덕이 문제다.'라는 생각도 담겨 있는 것이지요. 그렇게 생각하면 그 사람에게 화나는 마음이 줄어드는 것을 느끼게 됩니다. 오히려 '내 모습을 직면시켜 주어서 고맙습니다.'로 생각이 전환될 수도 있습니다.

그리고 지난 시간에 공부한 교류를 떠올려 보는 것도 필요하다는 생각이 들겠지요. 그 사람이 나에게 그렇게 할 때는 그럴만한 이유가 있습니다.

어떤 이유에서 그런 말과 행동이 나왔는지 따지거나 변명과 방어를 하는 것이 아니라 상대편 입장에서 들어주는 것입니다.

"제가 잘 모르는 그럴만한 이유가 뭔지 알려 주세요."

역경계는 대체로 어리석고 아집에 빠져있을 때 생기기 쉽거든요. '나지사 명상'이라는 도구를 알고 잘 활용한다면 역경계는 일순간에 사라질 수 있습니다.

이 모든 것들은 사실 누가 편해지고 행복해지려는 것일까요? 내가 편해지고, 내가 행복해지려고 하는 것입니다. 그 사람 봐주자고 하는 것이 아닙니다. 이것을 명확히 알면 나지사 명상이 훨씬 쉬워집니다.

나지사 명상3, 감사

그리고 끝으로 이렇게 마무리를 짓습니다. '그만하니 감사하다.'라고 말입니다. 저 사람이 몹시 나쁜 사람이었다면 "이놈아!"로 끝내지 않습니다. 그냥 몽둥이로 뒤통수를 칠 수도 있는 것입니다. 그런데 내 앞에서 "이놈아!" 정도로 끝내준 것은 그만하니 감사한 일이지요. 더 심한 상황이 만들어지지 않은 것에 대해 감사하는 것입니다.

또 전부터 알고 지내던 사람이라면 전에 나에게 해주었던 좋은 일들을 떠올려 감사하는 것입니다. 그리고 아무리 나를 화나게 했어도 그가 존재하지 않는다면 어떻겠습니까? 존재해주는 것에 대한 감사를 해야만 하는 것입니다.

'네가 태어났을 때 얼마나 우리에게 기쁨을 주었니? 정말 고맙다.'

이렇게 감사한 점을 3가지로 생각을 해보면 화를 내거나 분노하는 것이 얼마나 어리석은 행동인지 깨닫는 순간이 오게 됩니다. 그래서 우리는 어떤 역경계에서도 '구나'할 뿐이고 '겠지'할 뿐이고 '감사'할 뿐임을 알아야 합니다.

나지사 명상의 틀 적용

운전을 하고 가는데 갑자기 깜빡이도 안 켜고 그냥 확 끼어드는 사람이 있습니다. 그럼 바로 소 새끼, 말새끼, 개새끼가 나오지요.

그런데 '나지사 명상'을 알고 아래 틀대로 해봅니다.

구나 : ~~~~~하는구나

　　　　아이고 깜짝이야. 깜빡이를 안 켜고 들어오시는구나!

겠지 : 그럴만한 사정이 있겠지.

　　　　급한 일이 있어 그러는 거겠지. 깜빡이가 망가진 거겠지!

감사 : 그만하니 감사하다. 감사할 것이 어디 한 두 가지인가?

　　(감사점을 많이 적을수록 마음이 풀립니다.)

　　급히 들어오다 부딪칠 수도 있었는데 안 부딪혔으니 감사하다.

　　사고가 안 났으니 감사하다.

　　안전운전의 필요성을 느끼게 해주니 감사하다.

그 사람 행동의 옳고 그름이나 사실 여부를 따지지 말고

그 상황에서

내 마음이 가장 편한 해석을 하는 것이 '나지사 명상'입니다.

나지사명상 공책정리

지난 일인데도 생각하기만 하면 화가 나는 일이 있습니다.

그런데 내가 그 일 때문에 화가 불쑥불쑥 나는지 상대는 알까요? 모릅니다. 괜히 나 혼자 내 마음에 이미 의미 없어진 그 일을 분노창고에 보물처럼 모셔놓고는 가끔 꺼내 보며 화를 내고 분노하며 내 에너지를 소모하는 것이지요. 어리석은 일입니다. 분노창고를 싹 비워 버려야 합니다.

더구나 그 사람에게 대놓고 분풀이 하는 것도 아니고 엉뚱한 나에게 분풀이를 하는 것이니 내 마음만 상하고 나만 골병이 생길 수 있습니다.

그래서 공책을 한 권 준비합니다. 마음의 분노가 사라질 때까지 생각하면 할수록 화나는 일을 다 공책의 위쪽에 적어보는 것입니다.

공책에다 화난 상황의 번호를 쓰고 육하원칙으로 간결히 써봅니다. 그리고 나지사 명상의 틀에 맞추어 써보는 것입니다. 그 일에 대해 화가 더 이상 올라오지 않을 때까지 합니다.

스승님은 대학노트 한 권을 채우고 나니 거의 분노가 사라졌다고 하셨습니다.

처음 시작할 때는 조금만 생각하면 이해되고 용서될 수 있는 작은 일, 가벼운 일부터 해야 합니다. 먼저 사실과 감정을 육하원칙에 준하여 간결하게 적어봅니다.

'남편이 작년에도 내 생일을 잊더니 올해도 생일을 또 잊고 그냥 지나가니 화가 나고 섭섭하다.'

그리고 나지사 명상 틀에 맞추어 하고 써봅니다.

구나 : ~~~~~하는구나

　　　① 오늘 내 생일인 것을 깜빡 잊고 있구나.

　　　② 이 양반이 날짜 가는 것을 모르고 있구나.

겠지 : 그럴만한 사정이 있겠지.

　　　① 저렇게 바쁘고 할 일이 많으니 그럴 수밖에 없겠지.

　　　② 나이 들어 점점 정신이 없어지니 그럴 수도 있는 것이지.

　　　③ 1년 전 일을 지금까지 생각하고 있다면 정상이 아니지.

감사 : 그만하니 감사히다. 감사할 것이 어디 한 두 가지인가?

　　　(감사점을 많이 적을수록 마음이 풀립니다.)

　　① 그래도 잊지 않고 집에 잘 들어와 주니 감사하다.

　　② 월급은 꼬박꼬박 통장으로 넣어주니 감사하다.

　　③ 아프지 않고 건강하니 감사하다.

　　④ 옆에 있어 허전하지 않으니 감사하다.

마무리와 3행시

이렇게 하다 보면, '구나, 겠지, 감사'가 익어 들게 되어, 나의 인품이 되고 나의 덕성이 됩니다. 이렇게 역경계를 순경계로 만들어 즐겨보세요. 그렇게 익어 들고 즐길 수 있는, 그것을 인품이라고 하고 '구나, 겠지, 감사'와 같은 지혜와 신념 체계가 나의 덕성이 되는 것입니다.

어떤 역경계라도 빙그레 미소 지으면서 "음, 여차여차 하는구나."
"그럴 만한 사정이 있겠지.""그만하니 감사하지 않느냐!"

할 수만 있다면 정말 좋겠습니다. 순경계는 그냥 즐기세요. 그리고 역경
계를 만나면 일단 '나지사 명상'을 하는 것입니다. 꾸준한 나지사 명상 수
련으로, 여러분들의 가슴에서 행복과 평화의 향기가 뿜어져 나오시기를
바랍니다.

오늘은 '나지사' 3행시로 마치겠습니다.

나 : 나도 소중하고 당신도 소중합니다.

지 : 지금처럼 우리가 오래오래 행복하게 살아가려면

사 : 사랑하고 인정하며, 가끔 화날 때는 '나지사 명상'을 합니다.

감사합니다. 사랑합니다. 축복합니다. 행복하세요.

장력

어떤 사람을
만나면 기분이 좋아집니다.
그 사람이 가진
에너지 덕분이지요.

나도
이왕이면
만나면 기분이 좋아지는 사람으로
기억되고 싶습니다.

장력이 좋은
훌륭한 인품자라는
소리도 듣고 싶습니다.

QR코드를 스캔하면 행복특강 강의를
시청하실 수 있습니다.

11강 장력의 원리 실제
내가 있는 곳에 좋은 기운 만들기

지난시간 이야기

지난시간에는 '나지사 명상'에 대한 이야기를 나누었습니다.

구나, 겠지, 감사는, 분노를 다스리는데 가장 적합한 도구입니다.

특히 운전을 하다 보면 '나지사 명상'을 할 기회가 종종 생기지요. 대한민국 사람이 정(情)도 많고 양보심도 많은데 이상하게 운전할 때는 종종 그런 마음이 외출을 가는 경우가 많습니다. 앞차나 뒤차가 조금만 마음에 걸리게 하면 확 분노를 표출합니다. 그럴 때 '나지사 명상'이 최고입니다.

"아이구 깜짝이야! 깜빡이를 미쳐 못 켜고 들어오시는구나!"

"깜빡이가 고장이 난 거겠지."

"초보라면 그럴 수도 있겠지."

이렇게 최대한 그 사람의 사정을 생각해 보는 겁니다. 그리고 '감사점'을 찾아봅니다.

"운전을 기가 막히게 잘하니 감사하네"

"사고를 내지 않았으니 감사하네."

"빨리 사라져주시니 감사하네."

나지사를 총출동 시켜, 조금이라도 내 마음이 편안해지도록 하는 것입니다. 그 사람을 위해서가 아니라 나의 행복과 건강을 위해서입니다.

내가 실천한 만큼 행복해질 수 있다는 것을 믿는다면 늘 마음창고에 넣고 다니며 사용하시기 바랍니다.

장력에 대하여

오늘은 장력에 관한 이야기를 나누려고 합니다. 장력(場力)이란 무엇일까요? '장'은 마당 장(場) 자를 써서 공간이라는 의미이고, '력'은 힘 력(力)자인데 이것은 에너지라고 생각하시면 되지요. 그래서 장력이란 공간 속에 있는 에너지, 공간 속에 흐르는 에너지를 뜻합니다.

그러면 장력의 종류에는 어떤 것이 있을까요? 장력의 종류에는, 좋은 장력인 양장력(良場力)과 나쁜 장력인 악장력(惡場力)이 있습니다.

그 양장력과 악장력에는 또 천연적인 것과 인공적인 것으로 나눌 수 있습니다. 천연 양장력이라 하면 떠오르시는 게 있으시지요. 명당입니다. 산 좋고, 물 좋고, 정자도 좋은 곳, 정자 좋은 곳이란 사람이 살아가기에 좋은 곳이지요.

그러면 천연 악장력이란 어떤 곳일까요? 절벽, 물관리가 안 되는 강가, 햇볕이 안 들고 축축하고 음침한 곳, 화산지역, 지진 지역처럼 위험하고 자주 자연재해가 일어나는 곳이지요. 흉당이라고도 할 수 있습니다.

천연과 인공은 다 아시지요? 천연이란, 인간이 힘이 미치지 않은 자연적으로 그런 곳을 말합니다. 인공이란 사람들이 만들어 인위적으로 변화시킨 곳들을 말하는 것이지요.

인공장력(人工場力)이 있는 곳

인공 양장력의 장소란, 사람의 힘으로 만들어 사람을 편안하고 행복하게 해주는 곳입니다. 그럼 인공 양장력의 장소는 어떤 곳이 있을까요?

종교시설처럼 힘들고 속상할 때 가서 앉아있거나 기도만 해도 마음이 편안해지는 곳을 말합니다. 또 공원이나 미술관 공연장 학교 도서관 체육관처럼 그곳에서 휴식을 취하거나 여가를 즐길 수 있는 곳, 다녀오면 지혜와 휴식이 스며드는 곳을 양장력이 있는 장소라고 할 수 있습니다.

가장 안전하고 기본적인 모든 사람의 양장력의 장소는 어디일까요? 바로 가정이지요. 가정을 편히 쉴 수 있는 최고 양장력의 장소로 만드는 게 우리의 목표라고 할 수 있습니다. 이렇게 양장력의 장소가 많은 곳이 천국일 것입니다.

그럼 인공 악장력(惡場力)의 장소는 어디이겠습니까? 교도소, 도박장, 도살장, 투견장, 투우장 등이라고 할 수 있지요.

지금 우리가 관심 가져야 할 것은 무엇일까요? 맞습니다. 인공 양장력의 장소를 만드는 것입니다.

나의 의지를 가지고 노력해서 내가 있는 곳의 기운을 양장력이 흐르는 곳으로 만들자는 것이 우리가 나눌 이야기입니다. 내가 가는 곳은 어디든지 인공 양장력이 흐르는 명당으로 만드는 것이 우리들의 목표이지요.

천연 악장력(惡場力)인 장소까지도 발달한 기술로 잘 관리해서 모든사람이 가서 즐길 수 있는 인공 양장력(良場力)의 장소로 만들어 가면 좋겠지요. 절벽을 번지 점프장으로 만들고, 비탈길을 스키장, 썰매장을 만들어 즐기는 것처럼 그렇게 해나가자는 이야기도 됩니다.

장력의 영향

그런데 이 공간 속에 흐르는 에너지는 그 장력권에 있는 사람들에게 영향을 미칠까요? 네, 아주 큰 영향을 미칩니다.

장력은 그곳에 살고 있는 사람들의 건강과 자존감에도 큰 영향을 미칠 수 있습니다. 그리고 그 장소의 장력에 따라 사업의 흥망성쇠(興亡成刷)를 좌우할 수도 있습니다. 그렇다면 어떻게 하면 좋을까요?

장력의 원리를 알아서 내가 속한 곳을 양장력이 있는 장소로 만들어나가면 좋겠지요.

양장력 5대 결정요인

그래서 시설을 하거나 자연환경을 바꾸는 것은 차차 해가기로 하고, 우선 내가 할 수 있는 것부터 시도해보는 겁니다.

장력이란, 공간 속에 흐르는 에너지라고 했습니다. 그러면 그 공간 속의 에너지를 양장력으로 바꿔보는 것은 어떨까요? 에너지라고 하는 것이 밖에 있는 것은 밖에만 있고, 안에서 흐르는 에너지는 안에만 있으면 큰 문제가 없습니다.

그런데 내 속에 있는 에너지도 딱 고체로 굳어서 몸속에만 머물러 있는 것이 아니라 밖으로도 나가게 됩니다. 밖에 있는 에너지는 또 안으로 들어오게 되어 있습니다. 천하의 에너지들은 이렇게 서로 오가기 때문에 문제가 됩니다.

그런데 또 이 에너지라고 하는 것이 계속해서 들락날락하며 바깥 에너지와 안의 에너지가 계속 교류를 하면 좋은데, 놀랍게도 에너지가 움직이지 않는 경우가 생긴다는 것입니다. 움직이면서 만들어진 에너지도 어느 순간 그대로 머무르게 된다는 것이지요. 문화와 전통이라는 것이 그렇습니다.

그 머무르는 에너지가 맑고 좋을 때는 도움을 받고 좋지만, 탁하고 좋지 않은 에너지일 경우에는 좋지 않은 영향을 쭈욱 받게 되니 거기 있고 싶어지지 않습니다. '아, 그렇다면 내가 좋은 장력이 있는 곳에 가서 살면 되겠네.'

그런데 좋은 장력이 흐르는 곳에 모든 사람이 다 가서 살 수가 있을까요? 그것도 어려운 문제입니다.

의지를 가지고 노력을 해서 내 주변을 양장력이 있는 곳으로 만들어 가는 것은 어떨까요? 이것이 오늘 이야기의 초점이고 장력의 원리입니다.

우리 모두 5가지 요인만 잘 관리하면 에너지를 바꿀 수 있습니다.

그것은 정서요인, 표정요인, 언어요인, 행동요인, 환경요인입니다. 이 다섯 가지만 잘 관리한다면, 내가 가는 곳 어디든지 양장력이 넘치는 천당을 만들고 명당을 만들기에 충분합니다.

내 마음을 밝고 환하게

내가 있는 곳을 인공 양장력 넘치는 천국으로 만드는 방법, 5대 결정요인 중 첫 번째 관리 대상은 정서요인입니다.

정서란 마음 상태를 말하는데 내 마음 상태를 언제나 밝고 환하게 하는 것입니다. 이전에 불쾌했다면, 마음을 싹 전환하는 것이지요. 정서가 안에서 꼬여 흐르게 되면 이 정서는 몸속에만 갇혀있는 것이 아니라, 외부로 흘러나오게 됩니다. 밖으로 흘러나온 탁한 에너지가 주변을 우울하게 만듭니다.

그러니까 내가 기분이 좋게 존재하는 것은 나를 위해서만이 아니라, 내가족과 주변 사람들과 세상을 위해서 아주 중요한 일입니다. 내가 있는 곳의 장력을 좋게 하고, 내 마음을 평화롭게 관리하고 정서를 밝고 환하게 만드는 것은 마음만 먹으면 아주 쉬운 일이겠지요.

짜증 내고 화내고, 지적질 하고, 남 탓을 하면 우울해집니다. 그리고 나로 인해 가족들도 짜증이 나고 우울해지니 불화와 불통으로 가족 공동체가 위기에 처하게 됩니다. 그리되면, 주변과 세상에서 환영을 받지 못하게 되니 관계가 꼬이게 됩니다. 악순환이 거듭되는 것이지요.

그런데 이걸 양장력으로 바꾼다면 어떻게 될까요? 우선 내가 행복하고 건강해집니다. 당연히 가족은 화합이 잘되고 소통을 잘하니 가족 구성원모두도 행복해지겠지요.

또 밖에 나가면 주변 사람들에게 환영을 받습니다. 환영을 받으니 관계가 원만해지고 자신감이 생깁니다.

이렇게 좋은 데 망설일 필요가 있을까요? 그냥 해보는 겁니다. 좀 부족한 듯이 보이면 어때요. 웃으며 기분 좋게 사는 것입니다. 마음은 언제나 평화롭게 관리하고 정서를 밝고 환하게 만듭니다. 마음이 밝아야 밝게 웃을 일이 자꾸 생깁니다.

얼굴 관리 어떻게 할까요?

두 번째는 표정요인입니다. 앞에서 얼굴 관리 잘해야 된다고 했었지요. 바로 표정관리입니다. 표정이 어떻게 장력을 결정할까요?

여러분은 평소에 주로 어떤 표정을 짓고 계신가요? 저는 젊을 때 제가 아주 밝고 환한 표정을 짓고 사는 줄 알았어요.

그런데 어떤 분이 저에게 "정쌤은 사는 게 힘들어요? 왜 맨날 입꼬리를 내리고 있어요?"

저도 깜짝 놀랐습니다. 제가 그런 표정을 짓고 있는 줄 몰랐거든요. 나만 내 표정이 어떤지 모를 수 있으니 의도적으로 고쳐나가도록 거울을 보고 연습을 해야 합니다. 웃어야 복이 들어옵니다.

제주도에서 작은 회사를 운영하시는 분이 수련을 오셨습니다. 수련을 마치고 가시면서, 다음 수련 때 자기 회사 여직원을 보낼테니 그 아가씨의 표정을 꼭 바꿀 수 있게 해달라고 하시는 거예요.

그 여직원은 나무랄 데가 없이 일도 잘하고 예쁜데 표정이 늘 굳어있고 화난 사람 같이 쌀쌀맞아서 다른 사람들이 사무실에만 들어오면 그 직원 눈치를 보느라 모두 불편해한다는 것이지요.

다음 수련 때 그 예쁜 여직원이 왔습니다. 어떻게 되었을까요? 수련을 마치고 완전히 딴 사람이 되어서 돌아왔다고 사장님께서 감사 전화를 여러 번 하시고 제주도 감귤까지 보내주셨습니다.

표정이 마음에 어떤 영향을 주는지 지금 한 번 실습을 해보실까요? 먼저 입꼬리를 아래로 내리고 무뚝뚝한 표정을 지어보세요. 그렇게만 해도 바로 기분이 가라앉고 탁해지는 것을 느끼게 됩니다. 그러니 이 표정 자체가 상당 수준 내 운세를 결정한다고 해도 지나친 말이 아닙니다.

이번에는 입꼬리를 사악 올리고 미소를 지어 보실까요? 기분이 어떠세요. 신기하게도 미소 근육을 살짝 움직여 얼굴이 웃고 있으면 자연히 그것이 몸의 흐름을 맑고 밝은 쪽으로 만들어줍니다.

다시 한번 입꼬리를 올리고 살짝 웃으면서 살포시 눈을 감아보세요. 밝은 기운이 몸으로 쫙 펴지는 것이 느껴지시지요.

입꼬리를 올리면 '복 바가지 표정'이 되고, 입꼬리를 내리면 '쪽 바가지 표정'이 됩니다.

입꼬리를 올리기만 해도 하늘에서 내려오는 복을 받을 수가 있습니다. 쪽 바가지 표정이 되면, 복이 아래로 흘러내려 받을 수가 없게 됩니다.

또 이때 생기는 미소 근육은 엔도르핀샘을 자극하여 건강까지 좋아지고, 그 기운이 밖으로 퍼져나가 주변의 장력을 밝게 만들어 줍니다.

입의 10초가 가슴속 10년

세 번째는 언어요인입니다. 말을 강하게 함부로 하는 사람이 있다면 그 한 사람의 말투 때문에 전체의 분위기가 나빠집니다. 장력을 크게 망치는 데는 언어가 가장 큰 역할을 하거든요.

화안애어(和顔愛語)해야 합니다. 화안(和顔)은 화합하는 얼굴, 애어(愛語) 사랑스러운 말, 화합하려는 부드러운 얼굴로 사랑스러운 말을 해야 한다는 것이지요. 가능하면 소리는 낮추고, 부드럽게 밝고 맑게 말을 하는 것입니다.

'입의 10초가 가슴의 10년'이라는 말이 있습니다. 내가 입으로 말한 10

초의 말로 상대가 10년을 행복할 수도 있고 10년을 상처로 속앓이를 할 수가 있다는 것입니다. 말의 힘이 이렇게 큰 것이지요. 내 말 한마디에 상대의 생과 사가 갈릴 수도 있습니다.

책 속에서, 영화나 드라마에서 그런 일 많이 보셨지요.

자녀의 현재의 삶과 미래의 삶의 행불행을 결정하는 것은, 부모의 말 한마디에 달려있음을 명심하셔야 합니다.

장력을 위해서는 언어 순화가 매우 필요하고 중요합니다.

그럼 어떤 말을 해야 할까요? 그렇죠. 덕담과 수희, 격려와 지지 응원의 말을 해주어야 합니다. 칭찬, 응원, 존중하는 말, 예의를 갖춘 말을 해야겠지요. 그리고 자녀에게 칭찬을 할 때는 특히 꾸준한 노력의 결과로 이루어진 것을 칭찬해야 합니다.

"줄넘기 연습을 매일 하더니 10개도 못 넘더니 100개를 넘게 되었구나. 정말 훌륭하다. 끈기 있다. 대단하다." 이렇게요. 머리가 좋다든가 똑똑하다고 칭찬을 하면, 언젠가 머리가 나쁘다는 소리를 들을까 뵈 겁이 나서 어렵거나, 힘든 일에는 도전을 안 하게 됩니다.

곰팡이까지

사람이 아닌 사물에게는 말의 영향이 없을까요? 있습니다. 방송에서 밥에 피는 곰팡이 실험을 한 것을 보고 의심스러웠습니다.

그래서 2017년 4월 13일, 밥을 해서 똑같이 퍼서 뚜껑을 달아 부엌 창가에 나란히 놓았습니다. 그리고 한쪽에는 좋은 말을 다른 쪽에는 나쁜 말을 써서 붙이고 2주일 후에 열어보았습니다.

정말 깜짝 놀랄 일이 벌어졌습니다. 그냥 글씨만 써서 붙였을 뿐인데 좋은 말을 써놓은 쪽은 페니실린 만드는 푸른 곰팡이와 하얀 솜을 펼쳐놓은 것 같은 화사한 곰팡이 꽃이 피어있었습니다.

나쁜 말을 써놓은 쪽은 드문드문 검은 점 곰팡이와 그냥 힘없이 불그레 삭아가는 모습이 되어 있었습니다.

여보게 박 서방

옛날에 박만득이라는 백정이 고깃간을 하고 있었습니다.

두 양반이 고기를 사러 왔는데 먼저 온 양반이 마치 하인을 대하듯이 "야, 만득아, 고기 한 근 다오" "네" 하고 한 근을 주었습니다.

기다리던 다음 양반은 부드러운 목소리로 "여보게 박서방, 나도 고기 한 근 주시게." 하는 것이었어요.

그런데 고기의 크기가 어땠을까요? 완전 달랐지요.

먼저 온 양반이 화를 내며 큰 소리로 "야, 이놈아, 똑같은 한 근인데 내 고기는 왜 이렇게 적고, 저 사람 고기는 저렇게 큰 거냐?"

만득이가 가만히 있었을까요? 공손하게 이렇게 말했습니다.

"당연합지요. 손님 것은 만득이가 자른 것이고 저 손님 것은 박 서방이 잘랐으니까요."

친절하고 존중하는 행동

네 번째는 행동요인입니다. 행동은 어떻게 해야 양장력이 생길까요? 따뜻한 마음으로 다정하고 친절하며 존중하는 행동을 해야 합니다.

가족이든 누구든 등을 토닥토닥하며 안아주는 행동을 하게 되면 위로가 되고 기분이 좋아집니다. 내 속에 있는 좋은 기운이 나와서 양장력을 형성하는 것입니다. 장력 형성에 중요한 요인이 되는 것이지요.

그래서 가족이나 가까운 사이에서는 스킨십을 많이 하는 것이 관계의 지속과 정서적 안정을 위해 매우 중요합니다. 그리고 누구에게나 친절하고 존중하는 행동으로 대해야 합니다. 또 공동생활을 원만히 잘하려면 서로 돕는 행동, 예의를 지키는 행동, 서로를 존중하는 행동이 그 장의 장력을 끌어올리는 데 중요한 것입니다. 물론 봉사까지 하신다면 최고의 양장력이 되는 것이지요.

어쩌다 이번에는 1등을 했는디

전 경북대 총장이셨던 박찬석 님의 회고록에 나오는 이야기입니다.

경남 산청이 고향이셨는데 그 동네에서 가장 가난했습니다. 그런데 아버지가 대구로 아들을 유학을 보내셨어요.

공부는 하기 싫은데 잔소리하는 사람도 없으니 신나게 놀기만 했습니다. 결국 학기말 고사에서 68명 중 68등 꼴찌를 했지요. 방학이 되어 집에 가려니 성적표 내밀 자신이 없어서, 칼로 살살 긁어 1등으로 고쳐 아버지께 드렸습니다. 아버지는 아무 말 없이 성적표를 받아 넣으셨어요.

다음 날 아침부터 친지들이 몰려와 "찬석이 공부는 잘했더냐?" 하니 아버지는 "이번에는 어쩌다 1등을 했는디 더 두고 봐야제."

"자네는 자식 정말 잘 뒀네. 1등을 했으면 책걸이를 해야제."

다음날 개울에 가서 미역을 감고 집에 들어오는데, 멀리서부터 구수한 냄새가 나는 것이었어요. 냄새나는 곳을 따라 가보니 아버지가 집에 한 마리뿐인 돼지를 잡아 잔치를 열고 계셨습니다. 돼지를 키워 학비를 한다고 산 돼지 새끼였는데 그런 일이 벌어진 것입니다.

충격적인 그 사건 이후, 대구로 돌아온 찬석이는 달라졌고 17년 후에 대학교수가 되었습니다.

아버지가 모르셨을까요? 다 아셨지요. 끝까지 비밀을 지키셨습니다.

부모의 말과 행동이 자식에게 얼마나 큰 영향을 줄 수 있는지 알게 되는 감동적인 이야기이지요.

정리정돈과 청결

끝으로 환경요인입니다. 환경요인은 무엇입니까?

환경이 장력에 영향을 미친다는 것이지요. 기본적으로는 정리정돈과 청결입니다.

피아니스트 백건우 씨는 피아노 연습만 하려면 정리하느라 시간을 많이 보냈다는 이야기를 들은 적이 있습니다. 정리정돈이 되고 나면 마음이 편안해져 연습이 잘된다고 할 수 있지요. 그리고 편리성과 예술성까지 더해지면, 심리변화까지 바라보면서 환경을 바꿔볼 수 있겠습니다.

집과 공중화장실을 청결하게 하고, 길가에 꽃과 나무를 심어 건강과 아름다움을 함께 챙길 수가 있습니다.

깨진 유리창의 법칙

'깨진 유리창의 법칙'이라는 거 아시지요. 폐차된 차를 한동네의 두 장소에 놓았습니다. 하나는 보닛만 열어두었고 다른 한 차는 보닛을 열고 유리창도 조금 깨놓았습니다. 어떻게 되었을까요? 보닛만 열어놓은 차는 한 달이 지나도 그대로 있었는데, 유리를 조금 깨어놓은 차는 1주일도 지나지 않아 다 부서지고 말았습니다.

우리도 지나가다가 쓰레기 있는 곳에는 쓰레기를 마구 버리게 되지만 그곳에 화단을 조성해 놓으면 쓰레기를 주머니에 넣고 가는 것과 똑같습니다.

미국 뉴욕의 지하철이 지금도 우리처럼 안전하고 깨끗하지는 않다고 하는데 1980년대는 지하철을 탈 수가 없이 위험하고 더러웠다고 합니다. 범죄의 온상이었지요.

우리로서는 상상도 안 되지만, 지하철 시설뿐만 아니라 지하철 안에도 온통 낙서투성이였습니다. 낙서만큼 범죄가 일어났다는 것입니다.

그때 뉴욕시장으로 당선된 줄리아니가 그 낙서를 지우는 것을 시정목표로 세우고, 경찰과 협조하여 재임기간 동안 지워나갔는데, 범죄율이 75%가 줄어들었습니다.

'정서 표정 언어 행동 환경'이 5대 인공 양장력 생산요인입니다.

이 다섯 가지를 마음에 담아두시고 실천하셔서, 가시는 곳마다 양장력이 흐르는 명당으로 만드시기를 기원합니다.

오늘은 '양장력' 삼행시로 마치겠습니다.

양 : 양장력을 만드는 사람은 바로 나입니다.

장 : 장점이 얼마나 많은지는 다 아시겠지요.

력 : 역사적으로 정서, 표정, 언어, 행동, 환경요인을 잘 관리한
　　사람이 양장력의 복을 듬뿍 받아 잘살고 있다는 소문이
　　자자합니다.

고맙습니다. 사랑합니다. 축복합니다. 행복하세요.

행복이란,

누구나 행복을 원한다.

그러면 행복이란 무엇일까?
건강, 사랑, 성공,
이런 것이 행복일까?

이것은 행복의 조건이지
행복 자체는 아니다.

그러면 행복 자체는 무엇일까?
한마디로 그것은 '느낌'이다.
기분 좋은 것,
긍정적 느낌이 행복이다.

수학 문제 하나를 잘 풀었다,
기분이 좋다.
그 느낌
그만큼의 행복이다.

불교에서 말하는 해탈도
기독교에서 말하는 사랑도
결국은 기분 좋음이다.

행복의 다른 이름인 것이다.

12강 행복론
행복이란 무엇일까?

지난 시간 이야기

지난 시간에는 장력에 대한 이야기를 나누었습니다.

양장력을 만드는 사람은 누구일까요? 맞습니다. 바로 나입니다.

내가 가는 곳은 대체로 평화롭고 행복해진다. 하시는 분 손들어보세요. 네, 멋지십니다. 언제, 어디를 가시던지 행복 양장력의 꽃비를 듬뿍 뿌리셔서 즐거움을 함께 나누시기 바랍니다. 자신의 마음, 표정, 언어, 행동, 환경관리를 잘하여 즐겁고 행복한 나날 되시기를 빕니다.

행복이란,

그럼 도대체 행복이란 무엇일까요? 돈이 많은 것, 성공하는 것, 건강한 것, 관계가 좋은 것, 원하는 명예를 얻는 것 과연 그럴까요? 다른 질문 하나 더 드리겠습니다.

'행복'이라고 하면 떠오르는 것은 무엇입니까? 저는 행복하면 파랑새를 생각했습니다. 그래서 오랫동안 행복이라는 파랑새는 어디에 있을까? 내게는 언제쯤 날아올까? 나에게 날아오기는 할까? 생각을 하다가,

'에이 나하고는 거리가 먼 얘기야, 팔자 좋은 사람들 얘기지.' 하고 단념을 했습니다.

여러분도 이런 생각이 들던 시절이 있으셨나요? 그렇다면, 행복이 인간의 삶에 어떤 의미가 있는 걸까요? 이렇게 질문을 하다 보면 우리는 놀라운 발견을 하게 됩니다. 인간은 단 한 순간도 지금보다 나아지기를 원하지 않는 때가 없었다는 것입니다. '지금보다 좀 더 나아지면 행복할 거야'라는 생각을 늘 한다는 것이지요.

그런데, 사람들은 좀 더 나아지면 거기서 멈춰서 원하던 행복을 누리는 것이 아니라 또다시 더 나아지고 싶다는 다른 욕망을 가지고 더 큰 행복을 찾아 나섭니다. 좀 전에 목표했던 것이 달성되었는데도 그 달성된 행복을 누리지도 않고, 당연시하면서 '이건 아닌데 뭔가 다른 것이 있을 거야' 하며, 이미 이룬 것은 순식간에 날려버리고 다른 행복을 찾아 나섭니다.

그러다 결국은 행복을 즐기고, 누리지도 못한 채 한 줌 흙으로 돌아가게 되지요. 우리가 이렇게 행복을 쫓아만 다니다가 즐겨보지도 못하고 하늘나라로 가는 것은 억울하잖아요. 그래서 '흩어져 있는 소소한 행복을 즐기고 누리며 살다 가자.' 하는 것이 이제부터 4번에 걸쳐 나눌 행복 이야기입니다. 아주 쉬운 내 곁의 행복을 모두 챙길 수 있도록 최선을 다해 나눠보도록 하겠습니다.

응원의 박수쳐 주세요. "짝짝짝짝짝" "감사합니다."

행복은 삶의 목적

자, 그러면 행복이라고 하는 것이 내 인생, 내 역사에 어떤 의미가 있을까요? 한마디로 말하면, '행복은 내 인생의 목적이고 인류 역사의 목적'입니다. 내 인생, 내 역사, 우리의 인생, 우리의 모든 역사는 끝내 행복을 목적으로 여기까지 흘러온 것입니다. 알고 보면 우리들은 모두 행복을 향해서 걸어가고 있다는 것이지요.

새처럼 날 수만 있다면 얼마나 행복할까? 그 염원을 이루어 비행기, 로켓, 우주선이 만들어졌지요.

집의 변천 역사도 살펴볼까요? '추위와 더위, 비바람만 피할 수만 있다면 정말 행복할 거야.'에서 지금은 어떻습니까? '집안에서 밖의 경치도 보고 싶다. 높은 곳에서 살고 싶다. 집안의 모든 것들을 스마트폰 하나로 다 조정하고 싶다.' 는 욕망까지 다 이루었습니다.

우리가 원하는 것이 무엇 때문인지 바로 감이 오시지요. 좀 더 편하고 행복해지고 싶다는 욕망이, 우리의 삶을 자꾸 변화시키는 것입니다.

이런 엄청난 변화로, 지금 우리는 옛날 임금님보다도 훨씬 호사를 누리며 살고 있습니다. 그러나 우리의 행복 크기는 조상님들보다 어떨까요? 엄청나게 커져 있어야 하겠지요. 그런데 그렇지가 않다는 것입니다.

예전에는 먹을 수만 있다면 행복했는데, 지금은 그것만 가지고 안되는 많은 상대적 욕망이 생겼습니다. 또 행복에 대해 구체적으로 생각해본 적이 없어, 행복에 대한 가치관 정립이 안 되어 행복이 늘 잡히지 않는 막연한 것으로 느껴지기 때문입니다.

행복의 조건

그렇다면 행복이 무엇입니까? 행복이란 무엇이냐 하게 되면 위에서 한번 이야기한 것처럼,

'성공하는 것이 행복이다.' '건강한 것이 행복이다.'

'돈 많은 것이 행복이다.' '강이 보이고 산도 보이는 집에 살면 행복이다.' 하는 이야기를 합니다.

그러나 그것은 행복과 행복의 조건을 혼동한 것입니다. 행복의 조건을 행복이라고 착각하는 것이지요. 건강, 돈, 성취, 성공, 좋은 집, 좋은 차 등은 모두 행복의 조건이지, 행복 자체는 아닙니다.

그러면 행복 자체는 무엇일까요? 알고 나면 너무 쉬워서 '에이' 하고 실망하실 텐데 어떻게 할까요? 말할까요? 말까요? 모르는 게 약이다. 라는 말도 있는데 하지 말까요?

"아니요. 알고 싶어요.""네, 당연히 알아야겠지요."

그런데 사실 산다는 것을 생각해보면, 뭐 대단한 것 같지만 참 시시하고 우습거든요. 누구나 다 먹고, 싸고, 일하고, 놀고, 자고, 또 먹고, 싸고, 일하고, 놀고, 자고의 반복이 인생입니다.

그러다 너무나 집중해서 한꺼번에 한 곳에 에너지를 많이 쓴 사람은 나도 모르는 사이, 배터리가 방전되어 갑자기 가는 수도 있습니다. 물론 어떤 사람은 고루 잘 써서 사고 없이 내 몸의 용량을 다 쓸 때까지 살다 갑니다. 돈 많은 사람은 다른가요? 높으신 분은 다른가요? 똑똑하면 다른가요? 모두 같습니다.

그러니 행복도 마찬가지입니다. 아주 소소하고 누구나 늘 체험하는 작은 것에 숨어 있습니다. 우리가 아무 생각 없이 그냥 스쳐지나 보내고 있었을 뿐이어서, 알고 나면 시시한데 그만 얘기할까요?

"아니요."

그러면 아무리 작은 것이라도 내가 행복해진다면 꼭 유념하리라 약속하실 수 있으십니까?

"네.""좋아요."

사실은 작은 발견이 인생을 완전히 바꿀 수 있는 힘이 있습니다. 둑에 생긴 바늘구멍을 막으면 둑이 안전할 수 있는 것과 같습니다. 그 작은 바늘구멍을 못 찾아 막지 못하면, 둑이 무너져 모두를 힘들게 하듯 행복이 무엇인지 모르면 불행 속에서 허우적거리며 살 수 있다는 것이지요.

드디어 공개하는 행복이란,

이제부터 제가 질문을 하면 크게 대답하셔야 행복이 뭔지 아시게 됩니다. 크게 대답하실 수 있지요? 몸이 찌뿌둥하고 기분이 안 좋을 때 운동을 하고 나면 어떻습니까? "개운하고 기분이 좋습니다."생각지 못한 보너스를 두둑이 받으면 어떻습니까? "기쁘고 기분이 좋습니다."

우리 아이가 원하던 대학에 들어가면 어떠신가요? "펄쩍펄쩍 뛰면서 자랑하고 싶게 기분이 좋지요." 상장을 받으면 어떻습니까? 원하던 취직을 하면 어떻습니까? "기분이 좋지요." 축구광 팬인데 우리나라가 축구 경기에서 일본에게 이겼어요. 그러면 어떻습니까? "미칠 듯이 기분이 좋지요." 그렇습니다. 이제 행복이 무언지 아시겠습니까?

행복의 정의

답은 하나예요. "기분이 좋다." 이것이 바로 우리가 찾던 행복입니다.

행복이란 기분 좋은 것, 느낌이 좋은 것, 굿 필링(good feeling)입니다. 기분이 좋은 것을 행복이라고 하고, 기분이 좋지 않으면 불행이라고 하는 것입니다. 행복과 불행이 너무 쉬워서 실망하셨나요?

행복을 다시 정의해보면, 원하던 것을 성취할 때 오는, 기분 좋음, 기쁨, 뿌듯함, 즐거움입니다. 느낌 좋자고, 기분 좋자고 무엇인가를 하는 것이 인생입니다. 행복은 기분 좋음을 느끼고, 그걸 행복인 줄을 아는 자만의 것입니다. 느낌의 크기가 작고 큰 것에 상관없이 '이것이 행복이구나!'를 아는 것만이 삶에서 행복감을 느끼고, 즐기고, 누리며, 살 수 있다는 것입니다.

이것을 알게 된 것은 엄청난 사건이고 기적이지요. 우리들의 삶이란 그리고 역사란, 결국은 살아 있는 존재들의 느낌을 좋게 하는 방향으로 흘러왔고, 또 흘러가고 있는 것입니다. 그래서 행복은 이렇게 정의 할 수 있습니다. 행복은 욕구하는 것이 소유(성취, 실현) 되었을 때 일어나는 긍정적인 느낌이다.

행복을 공식으로 만들어 보면, 행복=소유(성취, 실현)/욕구다.

행복 불러들이기

행복이란 '원하던 것이 이루어졌을 때 일어나는 기분 좋은 느낌'이라는 게 확실해지셨지요. 그러면 그 느낌을 평생에 한 번만 느끼면 될까요? 아니죠.

자주 느낄수록 더 행복하겠지요. 그러나 기분 좋은 느낌이 오게 하려면 그것이 올 수 있는 조건이 있어야 합니다. 그 조건이 무엇일까요?

우선은 내가 살아있어야 합니다. 살아있지 않으면 아무것도 할 수 없습니다. 그런 다음 내가 원하는 것, 욕구하는 것을 성취하려 노력하고, 실현해 보고 소유할 기회를 자주 갖는 것입니다.

아무것도 시도하지 않는데 기분 좋은 느낌이 오기는 어렵습니다. 행운은 목표가 없는 사람에게는 오지 않습니다. 행복은, 행복이 뭔지 모르는 사람의 손을 잡아주지 못합니다.

행복하려면 행복의 조건 3가지 정도는 관리해주셔야 합니다.

행복의 조건 첫째는 마음 관리입니다.

마음 관리를 하지 않고 행복을 기대하는 것은 마치 낚싯대를 들고 산으로 가는 것과 같습니다. 태양은 항상 밝게 빛나고 있지만, 때론 먹구름이 햇빛을 가리기도 합니다. 그럴 때 가린 것을 거두기만 하면 이내 찬란한 빛이 드러난다는 것을 아는 것이 마음 관리이고, 이 구름장을 제거하려는 노력이 마음 관리입니다.

행복의 조건 둘째는 관계좋음입니다. '화삼요' 아시지요.

아무리 가진 것이 많고, 아는 것이 많아도 곁에 사람이 없으면, 함께 가진 것을 나눌 수 없으니 행복이 줄어듭니다. 행복을 마음껏 누리려면 주변 사람과 관계를 좋게 하는 것이 중요한 조건이 되는 것입니다. 독불장군의 말로는 언제나 외롭고 쓸쓸하지요.

행복의 조건 셋째는 긍정적인 사고방식입니다.

사고방식으로부터 정서가 나옵니다. 바른 가치관, 바른 세계관, 바른 인생관을 가지고, 자신에게 일어나는 일에 대해 긍정적으로 받아들이고, 감사함을 선택할 줄 알아야 합니다. 부정적 사고방식을 선택하면 불행으로 떨어질 수밖에 없습니다.

행복은 선택이다. 긍정을 선택하십시오. 마음 긍정, 몸 긍정, 경험 긍정, 이웃 긍정, 우리의 문화 문명과 대자연을 긍정하고 감사하는 가치관 정립이 나를 행복하게 해줍니다.

마무리와 3행시

행복이라는 것은, '기분 좋은 느낌'입니다. 그 느낌을 누리는 사람만이 행복할 수 있습니다.

내가 느낌에 눈을 뜰 때, 내 가족들의 느낌과 주변 사람들의 느낌에도 눈을 뜨게 됩니다. 내가 느낌에 눈 뜨지 못하고 있으면 주변 사람들의 느낌이 어떤지, 기분이 어떤지를 생각하지 않고, "이렇게 해라. 저렇게 해라"하며 당장 하는 일에만 집착해서 "내 말을 들어야 해." 라는 칼을 휘둘러 모든 곳의 평화를 다 망쳐놓게 됩니다.

그래서 느낌에 눈을 뜨라는 것입니다. 나의 느낌, 우리의 느낌을 좋게 하는 것이 인생이요, 문화요, 역사라는 것을 명심하십시오.

그리고 행복의 정의와 공식을 꽉 잡으세요. 행복공식을 통해서 3가지 행복론이 나오게 되는데 앞으로 3번에 걸쳐 이야기 나누도록 하겠습니다. 오늘의 이야기가 여러분들의 행복에 도움이 되셨으면 좋겠습니다.

오늘은 '행복해' 삼행시로 마치겠습니다.

행 : 행복이란 멀리 있는 것이 아닙니다.

복 : 복이 들어온 것을, 알고, 느끼고, 누리면 됩니다.

해 : 해보세요. 들어오는 복을 느껴보세요. 소리쳐 보세요.

"나는 행복하다. 행복하다. 행복하다."

고맙습니다. 사랑합니다. 축복합니다. 행복하세요.

구현행복론

필요한 일은 하면 된다.

먹어야 살 수 있으니
먹을 것을 해결하는 일을 해야 하고

몸을 가릴 옷이 필요하니
옷가지를 갖추어야 하고,

의지할 곳이 필요하니
집을 마련해야 한다.

이렇게 필요한 욕망을
채워 나가는 것이
구현 행복론이다.

QR코드를 스캔하면 행복특강 강의를
시청하실 수 있습니다.

13강 구현행복론
미래에 이룰 행복

지난 시간 이야기

지난 시간에는 행복에 대한 이야기를 나누었습니다.

행복이란 '기분 좋은 느낌', 원하는 것을 이루었을 때 오는 긍정적인 느낌, 기쁨입니다. 그렇게 알고 나니, 행복하다고 느껴지는 순간이 아주 많아지셨지요? 그렇다고 하셔야 오늘 이야기를 이어갈 수 있습니다.

"지금 행복하시지요?" "네." "감사합니다."

행복공식 속에는

행복공식을 살펴보면 '행복=소유/욕구'(행복은 욕구분의 소유)입니다.

그런데 이 행복공식을 잘 분석해 보면 세 가지 행복론이 나옵니다.

우선 '소유'를 살펴보면 두 가지 행복론이 나올 수 있고, 욕구 쪽에서는 한 가지 행복론이 등장합니다. 소유를 살펴보면 지금은 소유하고 있지 않지만 '미래에 그것을 소유하여 행복해지리라.' 하는 생각이 듭니다.

이러한 생각을 '구현행복론'이라 이름 붙일 수 있습니다.

그래서 오늘은 '구현행복론' 이야기를 먼저 나누도록 하겠습니다.

구현행복론과 필요성

'구현행복론'이 무엇일까요? '욕구하는 것들을 미래에 소유, 실현, 성취해서 행복해지리라.' 하는 것입니다. 이 구현행복론은 지구에 살고 있는 70억 인류가 모두 가지고 살아가는 일상적인 행복론입니다.

그러면 우리들은 마음속에 구현행복론을 지니고 살아야 할까요? 당연히 지니고 살아야 하겠지요. 오늘 내일 모레 당장 살아가려면 무엇인가를 소유(성취, 실현, 구현)해야 하니 구현행복론은 당연히 필요한 것입니다.

'구현행복론'이 필요한 이유를 특히 심리학적으로 보면,

첫 번째 사람은 미래에 대한 희망을 가질 때 행복하기 때문입니다.

이것을 '희망의 원리'라고 이름 붙일 수도 있는 이유이지요. 마음만 먹어도 뭔가가 이루어질 수 있겠다는 희망에, 삶에 활력과 열정이 생깁니다.

두 번째는 소유나 성취를 했을 때도 좋지만, 그것을 해나가는 과정에서 많은 즐거움과 성취감을 느끼게 됩니다. 이것이 우리의 삶이라고 할 수 있습니다.

세 번째는 자신의 욕구가, 성취되었을 때의 기쁨과 뿌듯함을 느끼기 위해서도 꼭 필요합니다. '이것을 이룰 수 있기에 내 인생이 의미가 있다.' 하는 그런 뿌듯함과 다음 단계로의 도약을 위해 구현행복론은 언제나 필요한 것입니다.

다음에는 어떻게 구현할 것인가를 사유해 보아야 합니다. 여기서 중대한 통찰이 필요하지요.

구현의 문제점

구현을 해가는 길에 숙명적으로 놓여있는 문제점이 있습니다.

첫 번째 문제점은 원하는 일을 구현하고자 하는데, 그 구현이 착착 되지 않는다는 것이지요. 또 다른 문제점도 있습니다. 구현해 가는 과정에 어떤 행복이나 기쁨을 느끼고 신명이 날 수도 있지만,

두 번째는 원하는 대로 이루어지지 않아 스트레스를 받는다는 것입니다. 구현행복론은 중대한 두 가지 문제를 해결해야 하는 것입니다.

이 두 가지 문제점을 어떻게 해결해야 할까요?

우선 구현(실현, 소유)을 보다 능률적이고 효율적으로 해내려면, 어찌하면 좋을지부터 생각합니다. 많은 사람이 구현 목표를 정해 놓고 노력들을 합니다. 그런데 어떤 사람은 잘 이루어 내는데 어떤 사람은 잘 이루지 못합니다. 왜 그럴까요?

전문가들이 정리해 놓은 '5대 구현의 원리'를 살펴보겠습니다. 욕구하는 것을 소유하기 위해 이 5대 구현의 원리를 뚫어야 합니다. 구현의 원리라고는 하지만 이 다섯 가지는 지극히 상식적입니다.

5대 구현원리

첫 번째 원리는 목표를 명확히 세워야 한다는 것입니다. 목표가 명확하지 않으면, 하고 싶은 일의 방향과 도달치를 모르기 때문에 우왕좌왕하며 시간을 낭비하게 됩니다.

그리고 목표가 세워졌다 하면 그 목표에 이르기 위한 실천계획표를 만들어야 합니다.

그다음 계획표가 만들어졌으면 계획표대로 실천을 해야겠지요. 아무리 좋은 목표와 계획이 세워졌더라도 실천하지 않는다면, 어떤 결과도 나올 수 없으니 '목표-계획-실천의 원리'가 제1 원리입니다.

대충 목표를 정해서 그쪽을 향해 무조건 달려가기만 하는 사람들이 많습니다. 또 실천도 좀 더 집중적으로 하면 좋으련만, 이것저것 다른 것에도 관심을 가지며 갈지자걸음을 걷습니다. 안 되겠지요.

그래서 목표를 딱 정하고, 계획을 세우고, 그 다음에 계획대로 일사불란하게 실천해 간다고 하는 것이 목표-계획-실천의 원리입니다.

그나마 이 첫 번째 원리라도 잘한다면 괜찮습니다.

그런데 목표, 계획, 실천 중 어느 것이 가장 어려울까요? 네, 바로 실천입니다. 방학이 되면 늘 목표와 계획은 잘 세워놓고 개학이 다가오면 어떻습니까? 아무것도 하지 않고 놀다가 허둥지둥하게 되지요.

그 이유는 계획을 무리하게 많이 세운 이유와 실천력 부족 때문입니다. 이제는 어떻게 해야 할까요? 한 번에 목표를 많이 세우지 말고 집중하여 실천할 만큼 세워야 합니다. 실천은 어떻게 해야 하는지 '김연아의 일기'를 만나 보겠습니다.

난 훈련을 하다 보면 늘 한계가 온다. 어느 땐 근육이 터져버릴 것 같고, 어느 땐 숨이 목 끝까지 차오르며, 어느 땐 주저앉고 싶은 순간이 다가온다. 이런 순간이 오면 가슴 속에서 무언가가 말을 걸어온다.
"이만하면 됐어, 충분해, 다음에 하자."
이런 때 쉬었다 하지 하며, 포기하고 싶을 때가 있습니다. 하지만 이때 포기하면, 안 한 것과 다를 게 없습니다.
99도까지 열심히 온도를 올려놓아도 1도를 올리지 못한다면 물은 끓지 않습니다. 물을 끓이는 마지막 1도, 포기하고 싶은 그 마지막 1도까지 참아내는 것입니다. 이 순간을 넘어야 다음 문이 열립니다.
- 피겨선수 김연아 -

그런데 여기에 두 번째 원리가 더해진다면 더욱 좋습니다.
두 번째 원리는 '절실성의 원리'입니다. 똑같은 목표를 정했다고 하더라도 내 속에서 '저 목표는 성취되면 좋고, 뭐 안돼도 무방하고...' 하는 식이어서는 안됩니다. 목표에 대해 느슨한 마음가짐을 가진다면, 그 목표라는 것이 '너에게 가기가 싫어' 하고 오지 않을 수도 있다는 것입니다.

그렇기 때문에 목표에 대한 절실성이 반드시 있어야 합니다. 정말로 '나는 그 목표가 실현되어야만 한다.' 하는 것이 혼과 DNA의 소리로, 올라오도록 승화시켜야 합니다. 그것이 '절실성의 원리'입니다.

드라마에 이런 장면이 나온 적이 있습니다. 도저히 이길 수 없는 적과 싸움을 하게 됩니다. 상대가 "너는 백전백패야. 너는 안 되니까 아예 포기해라!"하고 말하자 주인공이 이렇게 답합니다.

"싸움은 힘으로 하는 것이 아니라 절실성으로 하는 것이다. 나는 절실성이 100.00이다. 그러니까 절대 지지 않는다."

절실성이 100.00이면 절대 질 수 없는 싸움이 되는 것입니다.

마지막으로 집을 한 채만 지어주시오

작은 건축회사에 다니던 사람이 퇴직을 앞두고 "마지막으로 집을 한 채만 지어주시오."라는 사장의 부탁을 받았습니다.

'이제 얼마 안 있으면 회사도 그만두고 이 일도 그만두게 되는데 이제 와서 무슨 집을 지어달라는 거야.'라고 생각하니 그동안 그렇게 성실히 일해 왔는데도 집을 짓는 일을 대충대충 하게 되었습니다. 재료도 좋은 것을 쓰지 않고 감독과 시공도 철저히 하지 않았습니다. 그저 겨우 준공검사를 넘길 정도로만 지었습니다.

집이 거의 완성될 무렵, 사장이 와서 다정하게 말했습니다.

"이 집은 당신 것입니다. 당신의 은퇴를 기념한 나의 선물입니다."

내가 지금 계획하고 실천하고 있는 일이 이번 삶의 은퇴 선물일지도 모릅니다. 은퇴하는 날 땅을 치며 후회하지 않도록 최선을 다한다면 무언가 이루어지겠지요.

그러나 늘 배터리가 방전되게 쓰고 있지는 않는지 생각해야 합니다. 욕심이 지나치면 모든 것을 한 번에 다 잃을 수도 있으니까요.

세 번째 원리는 '확신의 원리'입니다. '확실히 된다고 믿는 것'입니다. 그런데 그보다 더 강력한 원리 또 하나는 '되었다고 믿어버리는 것'입니다. 자성예언(自成豫言)이라는 말이 있지요. 마음먹은 대로 되게 한다. 하는 것입니다. 그래서 '되었다.'하고 믿어버리는 것입니다. '내가 생각한 대로 되었다.'하고 확신하는 것입니다.

그리고 그것이 성취되어 박수받으며 활동하는 장면을 매일 아침 일어날 때, 잠자리에 들기 전에 머릿속에 그려보는 것입니다.

'원하는 대로 반드시 이루어진다.' '원하는 것이 이루어졌다.'

또 그렇게 성취되었으니 감사하겠지요?

그래서 네 번째 원리는 '미리 기뻐하며 감사하는 것'입니다. 다 성취된 것처럼 말입니다. 기뻐하고 감사하게 되면, 기쁨과 감사의 에너지가 그 일이 성취되는 데 도움을 주게 됩니다. 기뻐하지도 감사하지도 않는데, 누가 나에게 성공이라는 선물을 주겠습니까? 선물을 받으려면 기쁨과 감사의 복바가지를 늘 장착하고 있어야 합니다.

다섯 번째는 '베풂의 원리'입니다. '나는 다 이루었으나 베풀자.' 하고 이미 이룬 사람처럼 베푸는 것입니다.

이러한 마음으로 일을 할 때, 그 일은 성취되지 않을 수가 없는 것입니다. 베풂의 공덕은, '되로 준 것이 말'로 돌아올 수 있습니다.

마무리와 인사

그리고 스트레스 문제는 어떻게 하면 되겠습니까? 그것은 다음에서 다루게 될 행복론에서 해결해보겠습니다.

오늘은 구현행복론을 이야기했습니다.

행복이 무엇이었지요? '욕구하는 것을 이루었을 때 오는 긍정감, 기쁨'이었습니다. 이렇게 행복은 일상의 소소한 일의 성취에서 오는 기쁨입니다. 다 이루어질 때까지 기쁨을 미루지 말고 큰 목표 속에 하루하루의 목표를 정해, 매일 매 순간 긍정감과 기쁨을 누려야 합니다. 이루어가는 과정에 진짜 행복이 여기저기 숨어있습니다.

원하는 것을 이루어나가는 과정에서도 행복을 느끼고, 원하는 것을 이루었을 때도 행복을 느낀다면 행복은 배가 될 것입니다.

오늘은 '오늘은'이라는 삼행시로 마치겠습니다.

오 : 오늘은 내 인생에 두 번 다시 오지 않을 귀한 선물입니다.
늘 : 늘 기쁨과 감사와 나눔의 복바가지를 준비하시어
은 : 은혜와 은총의 기적을 담으며 행복을
　　구현해 나가시길 바랍니다.

고맙습니다. 사랑합니다. 축복합니다. 행복하세요.

지족행복론

내가 지금까지
소유하고 이루어 온 것을
늘어놓으면 얼마나 될까?

우리는 이미
많은 것을
가졌고 누리고 있다.

그 가진 것 속에 담겨있는 행복과
이미 이룬 것의 감사함을
확인해 보는 것

그것이 지족 행복론이다.

QR코드를 스캔하면 행복특강 강의를
시청하실 수 있습니다.

14강 지족행복론
이미 넘치는 행복 확인하기

지난 시간 이야기

지난 시간에는 '구현행복론'에 대해서 이야기 나누었지요.

구현의 5대 원리는 첫째 목표를 명확히 하고 실천한다. 둘째 절실성을 가지고 구현해나간다. 셋째 계획한 것이 이루어졌다고 확신을 한다. 넷째 이렇게 이루어진 것에 대하여 감사한다. 다섯째 이미 이루었다고 생각하고 베푸는 것입니다.

원하는 것을 이루기 위하여 이 정도의 노력은 필요하다고 생각하시지요! 언제나 지금 이 순간이 내 인생의 은퇴선물일지도 모른다는 마음으로 그러나 건강을 잘 챙겨 가면서 즐겁게 이루어 가시길 바랍니다. 모든 것은 내가 살아있어야 의미가 있는 것이니까요.

행복을 전하는 우체통

'김원태의 행복을 전하는 우체통' 이야기입니다.

젊은 집배원이 있었습니다. 그의 업무는 멀리 떨어진 작은 시골 마을에 우편물을 배달하는 것이었습니다. 작은 마을로 가는 길은 뿌연 먼지만 날릴 뿐 황량하기 그지없었습니다. 그래서 집배원도 왠지 우울했습니다.

시간이 갈수록, 그런 길을 왔다 갔다 하는 일에 짜증이 났습니다.

하지만 그 일을 안 할 수는 없었지요. 그러던 어느 날부터 마을로 갈 때마다 길가에 꽃씨를 뿌리기 시작했습니다.

어느덧 이듬해 봄이 되니 꽃들이 활짝 피어났고 향기는 그윽하게 퍼져 나갔습니다. 여름에도 가을에도 꽃 잔치가 계속되었습니다. 꽃길을 달리며 콧노래도 부르고 집배원의 삶은 즐거워졌습니다.

이미 이루어 놓은 것들

행복공식 기억하시지요. '행복은 욕구분의 소유이다.'

그래서 지난 시간에는 원하는 것을 언젠가는 소유해서 행복해지리라 하는 구현 행복론 이야기를 나눴습니다.

그럼 미래에 소유하고 이루어서 행복해지리라만 있고, 다른 행복은 없을까요? 있겠죠. 그게 무엇일까요?

지금까지 살아오면서 우리가 이루어 놓은 행복입니다. 어떻게 아무 목표 없이, 생각 없이 여기까지 이렇게 잘 살아올 수가 있었겠어요.

사실 곰곰이 생각해보면 미래에 이룰 것이 더 많을까요? 지금까지 이루어놓은 것이 더 많을까요? 지금까지 우리가 이루어놓은 것이 더 많습니다. 그래서 우리가 보다 행복하게 살려면 미래에 이룰 것에만 집중해야 하는지 이미 이루어놓은 것도 때때로 즐기고 누려야 하는지 이야기해 보려는 것입니다.

이미 내가 가지고 있는 것, 지금까지 노력해서 이룬 것에 대해서 당연히 감사하고 기뻐하고 누려야 하지 않겠습니까?

지족행복론

그것이 이 시간 주제인 '지족행복론'입니다.

그러면 왜 우리는 지족행복론에 관심을 가져야 할까요? 이미 소유하고 가지고 있는 것은 평소 잘 나갈 때는 굳이 들춰보지 않아도 현재 상황만으로도 행복하기 때문에 별 문제가 없습니다.

그러나 새로운 목표를 세워 추진해 나가는데 스트레스를 받아 힘이 들거나, 실패를 해서 계획이 거의 무산이 되어 버리려고 할 때, 좌절하지 않고 꿋꿋하게 앞으로 나아가기 위해서는 반드시 지족행복론이 필요하다는 것이지요.

지금 이 자리에서 내가 모든 것을 멈춘다 해도 나를 다독이고 안아줄 가족이 있고, 친구가 있다. 이런 생각을 해내는 대단한 내가 있다고 깨닫는 것이 지족행복론입니다.

산다는 것은 어느 시점에서 목표를 이루고 나면, 이미 이루었던 것들이 사라지는 것이 아니라 이룬 것 위에 하나씩 얹어가며 살아가는 것입니다. 그냥 좌절하고 실망할 필요 없이 지금까지 이룬 것들이 나를 받쳐주는 주춧돌과 기둥 역할을 하고 있다는 것을 확인만 할 수 있다면, 우리는 꿋꿋하게 앞으로 나갈 수 있는 것이지요.

불행과 친구하는 사람들을 보면 지금까지 자기가 이룬 것은 아무 가치 없는 것으로 착각하고, 현재 상황만 보며 그냥 포기하고 좌절하고 자학을 한다는 것입니다.

우리의 삶은 가다가 무슨 일이 생기든지 간에 어딘가를 향해 끝없이 흘러갑니다. 그 목적지가 어디라고 했지요. 결국은 행복하기 위해 끝없이 흘러가는 것입니다.

여기서 우리가 앞으로 올 행복만을 바라보고, 현재 가지고 있는 행복을 살펴보지 않는다는 것은 불행을 자초하는 지름길입니다. 어리석은 삶을 살아가는 방법이 될 수 있습니다. 그래서 지족행복론에 눈을 떠야 하는 것입니다.

인생은 선택의 연속입니다. 무엇을 선택할 것인가도 나의 선택입니다. 그리고 나의 인생을 행복하게도 불행하게도 이끌어가는 것도 결국, 나의 선택이기 때문에 힘든 순간에 행복을 선택하자는 것입니다.

알고 보면 인생은 '사실학'일까요, '해석학'일까요? 같은 상황이라도 사람마다 그것에 대해 느끼는 감정이나 생각이 다 다르다면 그것은 뭡니까? 각자의 '해석학'입니다.

예를 들어, 내가 사이다를 좋아하는데 컵에 사이다가 반만 들어 있습니다. 그러면 반 컵의 사이다가 사실이죠.

그런데 이 사실 앞에서 해석을 어떻게 하느냐 하는 것이 삶이고, 그것은 각자 다르다는 것입니다. 어떤 사람은 반 컵밖에 없다고 해석을 합니다. 그렇게 해석을 하면서 징징거리고 짜증을 내고 지옥을 만듭니다.

그런데 어떤 사람은 반 컵이나 있다고 해석하면서 만족해합니다. 해석을 어떻게 하느냐에 따라 행, 불행의 길이 결정되는 것입니다.

'반 컵 사이다'라고 하는 그 사실을 나에게 행복을 줄 수 있는 관점으로, 내 속에서 행복이 일어날 수 있는 관점으로 해석하는 것, 그것을 깨달음이라 하고 그것을 '지족행복론'이라고 하는 것입니다.

반 컵 사이다가 있을 때 '반 컵이나 있구나'로 해석하는 것이 바로 지족(知足)입니다. 일단 내가 그렇게 생각을 하니 기분이 좋아진다는 것을 아는 것, 이것이 행복의 시작이요. 참된 깨달음인 것입니다.

깨달음이란, 모든 진리를 다 꿸 수 있어야 한다고 생각하는 것은 어리석음이고 불행을 만드는 지름길이고 착각입니다.

평생을 다 바쳐도 인류사에 성인이라고 하는 세 분과 지구에 살고 있는 0.00000001%도 안 되는, 직업이 깨달음인 분들을 제외하고는, 평범한 사람들은 죽을 때까지 그런 깨달음을 얻기가 어렵습니다.

이제 인생은 사실학이 아니라, 해석학이라는 것을 명심해야 합니다.

누가 해석하는 것입니까? 내가 해석하는 겁니다. 이 해석학으로 행복하게 사는 것이 지혜로운 깨달음입니다.

못났다고 해석하면 불행해서 지옥에 떨어지는데, 잘 났다고 해석을 해서 천국으로 간다고 하면, 어느 쪽 해석을 선택해야 되겠습니까?

잘났다는 해석을 선택해야지요. 언제나 내가 행복해지는 쪽 천국으로 가는 쪽을 선택하자는 것입니다. 그것이 지족행복론입니다.

지족의 실체

그러면 지족(知足)은 무엇입니까? '분수를 지켜 만족할 줄 아는 것'입니다. 내가 원하는 것, 욕구하는 것을 소유하는 과정이 인생일진대.

이미 소유된 것을 확인하고 만족할 줄 아는 것이 지족 행복론입니다.

'내가 이미 소유하고 있는 것이 많고 많도다.'를 확인해보는 것입니다.

내가 이미 이룬 것, 가진 것은 어떤 게 있을까?

내가 이미 이룬 것은 도대체 무엇이 있을까요?

일단 교육받은 것 어떠세요. 초등학교부터 고등학교 졸업할 때까지가 12년, 대학을 나오면 16년 그밖에 이것저것 배운 것을 따져보면 교육받지 않은 것에 비하여 굉장한 소유입니다.

우리 어머니의 소원은 초등학교라도 다녔으면 얼마나 좋았을까?였습니다.

저는 70년대에 교대를 갔는데 당시에는 대학을 가는 사람이 그리 많지 않았다는 것을 잘 몰랐습니다. 교대를 선택한 이유는, '심훈의 상록수'를 읽고 시골 학교의 그런 선생님이 되고 싶기도 했고, 학비가 아주 적었기 때문이었습니다. 지금 생각하면 그런 선택을 할 수 있었던 자신과 아들도 아닌데 '대학은 안 된다.' 하지 않으신 부모님께 얼마나 감사한 일인지 모르겠습니다.

현재 소유하고 있는 물건들을 살펴볼까요?

지금 가지고 있는 스마트폰, 노트북, 자동차, 살고 있는 집, 옷들, 살림 도구들 평생을 저축해도 갖기 어려운 것을 이미 다 가지고 있습니다.

컴퓨터를 가진 사람이 전 세계인구의 몇 %이겠습니까? 그렇게 따지고 보면 내가 이미 이루고 가진 소유는 어마어마합니다. 지구인의 1% 안에 들어가는 부자인 것이지요.

각자 '나 자신'을 한번 살펴볼까요? 내가 무엇을 가지고 있을까요?

누구와도 비교할 수 없는 몸과 마음과 경험을 가지고 있습니다.

몸부터 생각해 보면 돈으로 산다면, 얼마면 살 수 있을 것 같으세요. 아니 누군가가 나에게 "네 몸을 팔아라." 한다면 억만금을 준다고 해도 파시겠습니까? 돈으로 따질 수 없는 무한대의 값을 지니고 있는 몸이 있습니다.

또 내 속에 있는 빛나는 마음을 한번 생각해보세요. 아무도 상상할 수 없는 나만의 마음이 있습니다. 돈을 아무리 많이 주어도 나의 이 마음을 만들 수가 없습니다. 살 수도 없습니다.

또 하나 아주 중요한 것이 있지요.

지금껏 살아온 나의 경험입니다. 언젠가 너무 힘들 때 아주 행복해 보이는 저 사람하고 나의 삶을 완전히 바꿔줄 수 있다면, "너는 바꾸고 싶니?" 하고 물어보았습니다. 그랬더니 처음에는 잠시 '그래 볼까?' 하는 마음이 스치더니 "아니, 아무리 힘들어도 지금까지 살아온 나의 삶과 바꾸고 싶지는 않다." 하는 생각이 들었습니다.

오직 나만이 경험한 이 삶의 흔적을 돈으로 따지면 얼마나 될까요? 그렇죠. 몸의 가치나 마음의 가치보다 결코 작을 수가 없습니다.

그래서 이 몸과 마음과 경험의 가치를 돈으로 환산하면, 스승님께서는, "각각 3,000조의 가치가 있다 해도 지나친 말은 아니다." 라고 하셨습니다. 몸 3천조, 마음 3천조, 경험 3천조 합치면 9천조 부자인 것이지요. 지금까지 역대 최고부자인 록펠러의 재산가치가 400조쯤 된다고 하니 록펠러는 9,400조 부자이고 나는 9000조 부자입니다.

차이가 크게 납니까? 별 차이 없습니다. 지금 이대로 살아있는 것만으로 나는 9000조 부자인데 걱정할 것이 무엇이 있겠습니까?

그리고, 우리를 둘러싸고 있는 자연은 어떻습니까?

나는 단 1g의 산소도 만들지 못하는데, 무한으로 나에게 산소를 공급해 주어 살게 해줍니다. 나무는 어떤가요? 평생 다섯 그루의 나무도 안 심었지만, 푸른 숲과 신선한 공기와 아름다운 꽃과 단풍을 마음껏 즐길 수 있습니다. 물은 또 어떻습니까? 물 한 방울 만들 줄 몰라도 필요한 만큼 무한하게 주지 않습니까? 감사하지요. 굉장한 축복입니다.

그래서 가만히 사유해 보면, 내가 이미 이루고 이미 소유한 것이 가히 무수하고 무량합니다. 이렇게 넘치는 소유, 넘치는 행복 속에 있는 것이 사실인데, 이 사실을 외면하고 징징댄다고 하는 것은 참으로 유감스러운 일입니다.

우리들은 이미 넘치는 소유 속에 있고, 넘치는 행복 속에 있습니다. 잠시 어려움에 처했다고 징징댈 일은 없다는 것이 확실해지셨지요.

"나는 이대로 넘치는 행복 속에 있다."

경영의 신 고노스케

'경영의 신'으로 불린 일본의 전설적인 기업인 마쓰시다 고노스케 이야기입니다. 그는 숱한 역경을 극복하고 94세까지 살면서 수많은 성공 신화를 이룩한 사람입니다. 그는 자신의 인생 승리비결을 한 마디로 '덕분에'라고 고백했습니다.

저는 가난한 집안에서 태어난 덕분에, 어릴 때부터 갖가지 힘든 일을 하며 세상살이에 필요한 경험을 쌓았습니다.

저는 허약한 아이였던 덕분에, 운동을 꾸준히 해 건강을 유지할 수 있었습니다.

저는 학교를 제대로 마치지 못했던 덕분에, 만나는 모든 사람이 제 선생이어서 모르면 묻고 배우면서 익혔습니다.

어떤 어려움이라도 그 덕분에, 내가 성장할 수 있었다는 것을 아는 것도 바로 '지족행복론'입니다.

오늘은 '덕분에' 삼행시로 마치겠습니다.

덕 : 덕분에 나는 이렇게 행복하게 잘살고 있습니다.

분 : 분에 넘치는 복 받은 것을 확인하며 살겠습니다.

에 : 에누리 없이 받은 복, 다 나누며 살다 가겠습니다.

고맙습니다. 사랑합니다. 축복합니다. 행복하세요.

초월 행복

원하는 것을
모두 가질 수 있어야만
행복할 수 있을까?

아무 욕심 없이
원하는 것 없이

그냥 있는
이 존재만으로는
행복할 수 없을까?

모든 것 다 던져 버리고
훨훨 날아올라,
하늘 끝에서 땅을 내려다보는 맛

초월한 행복의 맛은
어떨까?

QR코드를 스캔하면 행복특강 강의를
시청하실 수 있습니다.

15강 초월행복론
아무것 없음의 행복

지난 이야기

지난 시간에 '지족행복론'에 대한 이야기를 나누었지요.

지족이란 분수를 지켜 만족할 줄 아는 것입니다. 내가 지금 이 자리에서 모든 것을 멈춘다 해도, 다독여주고 위로해 주고 안아줄 사람이 있음을 아는 것, 지금까지 노력하며 살아온 내가 있다는 것을 깨닫는 것입니다. 그래서 어떤 어려움이 있어도 당당하게 앞으로 나갈 줄 아는 것, 그것이 '지족행복론'입니다.

내가 지금까지 이루고 소유한 것이 많고도 많으니, 힘들고 어려울 때 지금까지 이루어놓은 이 자리에서 다시 시작하면 된다는 것을 깨닫는 것입니다. 그래서 나에겐 든든하게 행복을 이루어 나갈 주춧돌과 기둥이 이미 있다는 것을 확인하는 것이 '지족행복론'이지요.

아무도 알 수 없다

오늘은 한 발 더 나가보겠습니다.

얼마 전 세계적 축구 스타인 마라도나가 60세의 나이로 이 세상을 은퇴하고, 저세상으로 떠났습니다.

언제일지는 모르지만 우리도 반드시 이곳에서 은퇴하고 하늘나라로 떠나게 되리라 생각해보면, 좌절이나 걱정을 할 필요가 있을까요?

아무리 예쁜 자식도 아껴주던 배우자도 통장에 들어 있는 돈도 아니 콩 반쪽도 가지고 갈 수 없는데 무엇을 아쉬워하고 걱정할 필요가 있겠습니까? 떠나 버리면 그것으로 모든 욕심과 욕망이 물거품이 되는 것을...

어떤 사람이 친한 친구가 죽을병이 들어, 6개월밖에 못 산다는 이야기를 듣고 급하게 병문안을 하러 갔어요. 아쉽고 쓸쓸하고 안타까운 마음으로 친구와 옛이야기를 나누고 다음에 또 오겠다는 약속을 하고 돌아오는 길에 멀쩡하던 친구가, 그만 교통사고가 나서 그 자리에서 하늘나라로 가고 말았습니다.

이런 일은 수없이 일어나고 있지요.

죽을 병이 든 친구는 죽음에 대해서 준비라도 할 수 있었지만, 이렇게 갑자기 가게 되면 아무 준비도 없이 가니 이곳에 남은 가족도, 그곳으로 갑자기 가게 된 사람도 당황스럽습니다. 그러니 기회가 있을 때마다, 미리 삶과 죽음을 초월하는 공부를 조금씩 해두면 좋습니다.

그래서 이 시간 공부주제는 초월행복론(超越幸福論)입니다.

그런데 우리가 지금까지 행복을 소유와 성취하는 쪽에서만 생각해보았는데, 소유하지 않은 쪽에는 행복이 없을까?를 생각해 보는 것입니다. 흥미로운 발상이지요?

초월행복론(超越 幸福論)이란,

그럼 먼저 초월행복론의 뜻이 무엇인지부터 알아보겠습니다.

초월(超越)이란? '뛰어넘을 초(超), 넘을 월(越)'로, '어떤 한계나 표준을 뛰어넘는 것'입니다.

내 마음이 경험이나 생각과 사고에 묶여있던 상태에서, 그 범위를 벗어난 의식 공간의 바깥으로 나가본다면 어떨까요? 오밀조밀 모여 살고 있던 집을 떠나 광야로, 초원으로 나가보는 것입니다. 몸과 마음이 훨훨 날아오를 만큼 시원하고 통쾌한 자유감을 맛볼 수 있겠지요.

욕망하던 모든 것을 다 놓아버리고, 초월해 버리는 그 행복의 맛은 어떨지 생각해보려는 것, 그런 행복론이 바로 '초월행복론'입니다.

지금까지 이야기한 행복에 대해 다시 살펴보면, 행복이란, 욕구하는 것이 소유될 때 마음에 일어나는 긍정적인 감, 느낌입니다.

그 말을 따라가 보면 '행복 = 소유/욕구'라는 공식이 만들어졌습니다. 이때 소유축과 관련하여 구현행복론과 지족행복론이 만들어졌고, 욕구축과 관련하여 초월행복론이 만들어진 것입니다.

자, 그러면 행복공식의 분자, 분모를 수학적으로 살펴보겠습니다. 정신 바짝 차리시기 바랍니다.

분자인 소유가 1이고 분모인 욕구가 1입니다. 그러면 1/1, 행복은 1이 되겠지요.

이번엔 소유는 똑같이 1인데, 욕구가 0.5로 줄었다면 어떨까요? 1/0.5이니 이때의 행복량이 2가 됩니다. 이번에도 소유가 똑같이 1인데, 욕구가 점점 줄어들어 0.1이 되었습니다. 행복량은 10이 되겠지요.

이 욕구가 적어지고 적어져서 아예 0이 되었다고 상상해봅니다. 그러면 행복량은 1/0입니다. 수학 시간에서 배우셨지요. 분모가 0이면 무엇이다. 무한대다. 즉 욕구인 분모가 0이 되면 행복은 무한(無限:∞)이 되는 것입니다.

욕구하는 것이 없는 경지에 이를 수만 있다면, 아무것도 소유하지 않아도 행복이 무한대로 넘칠 수 있다는 것이지요.

초월행복론이란, 바로 욕구를 최소화, 극소화해감으로, 궁극에는 욕구를 제로화하여 행복량을 무한으로 해보는 것입니다.

초월행복론의 중요성

그러면 이 초월행복론이 왜 그토록 중요하겠습니까? 내 혼은 언제나 행복을 갈구하기 때문입니다. "행복해지고 싶다." "해탈하고 싶다." "완전히 자유로워지고 싶다."라고도 외칩니다.

우리의 혼은 소유에서 오는 행복도 좋지만 궁극에는 해탈의 자유, 아무것에도 구속되지 않는 자유를 더 원하고 있습니다. 해탈을 원한다는 것이지요. '번뇌와 장애의 사슬에서 벗어나 자유자재를 얻고 싶다는 것'입니다. "나는 우주적으로 완전히 탁 트인, 확 열린 해탈로 살고 싶소!" 하고 내 DNA는, 내 혼은 절규하고 있다고 보면 됩니다.

초월행복론으로의 접근

내 혼이 외치는 해탈의 절규를, 구원의 절규를 듣고 그것에 부응하는 길은 무엇일까요? '욕구분의 소유'라는 행복공식에서 욕구를 제로 쪽으로 낮추어주는 작업을 해보는 것입니다.

그런데 욕구를 살펴보면 욕구 속에는 욕구하는 자가 있고, 욕구하는 대상이 있습니다. 욕구하는 자가 없어지고, 욕구 대상도 없어진다면 어떻겠습니까? 이 순간이야말로 내 인생과 내 전 역사에서 최고의 기적이 일어나는 것입니다. 욕구하는 자가 없어지고, 욕구 대상이 없어지는 것, 이것이 초월이고, 인류의 궁극적인 최고의 행복인 것입니다. 바로 해탈이고 구원입니다.

그러면 욕구를 제로화하려면 어떻게 하면 되겠습니까?

먼저, 명상을 통해 욕구하는 자와 욕구의 대상을 잘 관찰해봅니다. 욕구하는 자와 욕구의 대상이 분명히 있는데, 이것을 모르거나 모른 체하고, 욕구를 제로로 만든다. 하는 것은 어려운 일이고 억지입니다.

그런데 천만다행히도 조금의 공부와 명상을 통해서 지혜를 얻고 나면 욕구하는 자와 욕구의 대상을 알 수 있습니다.

'나'라고 하는 욕구하는 자를 알고 보니, 얼마 후에 늙고 병들어 죽게 되고, 욕구의 대상인 그 물질 그 마음도 언젠가는 변해서 사라져버릴 것을 깨닫는 것입니다. 얼마나 다행입니까?

실체가 있는 듯이 여겨졌던 그것이 실은 있는 것이 아니라 잠시 있는 것처럼 보였다는 깨달음을 얻게 되는 것입니다. 그리도 단단하고 확고하게 있다고 생각되던 것을 억지로 쓸어서 최소화하려고 하는 것은 참으로 무리였습니다. 그런데 다행히도 딱 사유하고 관찰해보니 욕구하는 자와 욕구의 대상이 '없더라!' 하니 얼마나 통쾌한 일입니까?

다시 말해서 초월행복론은 '없음 행복론'이라고 할 수 있습니다. 천하를 '있음'이라고 여기는 한 완전한 자유는 없는 것입니다.

알고 보면 천하가 없다는 것, 이 공(空)철학은 잘 사유해보면 인간의 행복을 위해 던져주는 최고, 최귀의 선물이라 할 수 있습니다.

초월행복론으로 한발 다가가기

조금 구체적으로 들어가 볼까요? 여러분들께서는 내가 이렇게 분명히 있는데 어떻게 나를 없다고 할 수가 있느냐? 할 것입니다. 그렇습니다.

그러나 그것은 내가 있는 것처럼 보이는 쪽으로 해석을 하니까 그런 것입니다. 그 해석을 없는 쪽으로 해석할 수도 있다는 것입니다.

스승님께서 지으신 책 중에 '공(空)'이라는 책이 있습니다. 공을 깨닫는 27가지 방법이 있는데, 두 가지 예를 들어보겠습니다.

내가 이 몸이 있다고 생각하는 한 '나는 존재한다.'가 됩니다.

그런데 이 몸을, 첫 번째 자연의 관점으로 살펴보면 아버지의 정자와 어머니의 난자, 이것이 내 몸입니다. 그 정자 난자는 당연히 자연의 부분집합이지요.

그래서 이 몸을 살펴보면 정자라는 자연과 난자라는 자연이 합쳐진 것입니다. 임신 중 먹은 음식 공기 물도 모두 자연입니다. 이 자연들이 어우러지면서 하나의 생명체가 만들어진 것이지요.

그러면 이 생명체를 '나다.'하고 묶어놓아야 옳겠습니까? '이것은 자연이다.' 하고 풀어주는 것이 더 옳겠습니까? 이것은 물론 선택의 문제입니다.

"나는 묶여있는 긴장이 좋소, 고통도 좋소, 지옥도 좋소. 그러니까 나, 나 하고 나를 붙들고 살렵니다."

이렇게 억지를 쓰면서 그걸 좋다고 하고, 그렇게 믿는 사람은 할 수 없습니다. 그 '나'로 살아야지요.

그런데 이 몸뚱이를 정자로 보아도 자연이요, 난자로 보아도 자연이요, 먹은 음식을 보아도 자연이고, 마시는 공기를 보아도 자연이어서 그런 관점으로 볼 것 같으면 '나'라고 할 만한 것은 아무것도 없고 '그저 자연밖에 없네.'라고 해석할 수가 있다는 것입니다.

그렇게 해석을 하니 어떠합니까? 과거에는 나! 나! 나! 하면서 긴장되고, 고통스럽고 지옥과 같고, '너'와 싸우게 되었는데, 나를 자연이라고 풀어놓으니, 그런 대내외적 고통과 싸움이 사라져버립니다. 그래서 '자연이 있을 뿐 나는 없다.'라고 할 수 있게 되는 것입니다. 얼마나 자유롭습니까?

두 번째는 전자 현미경으로 이 몸뚱이를 한 번 살펴봅니다. 이 몸뚱이라고 하는 것이 전자 현미경에는 어떻게 비칠까요? 그저 소립자에 불과합니다. 그 소립자를 다시 더 뜯어서 보면 에너지일 뿐입니다.

소립자란 물질을 더 이상 나눌 수 없는 가장 작은 알갱이이고, 에너지란 일을 할 수 있는 능력입니다. 그래서 소립자로 보아도 나라고 할 만한 것은 없고, 에너지로 보아도 나라고 할 만한 것은 없어서, 잘 생각해 보니까 '역시 나라고 할 만한 것은 없네.' 하게 될 수밖에 없습니다.

"나라고 할 만한 것이 없네."하니 과거에 나! 나! 나! 하던 그 긴장과 집착이 사라지면서 탁 트인 자유감이 오게 되지요. 그렇게 탁 트인 자유감이 온 그 상태를 초월 해탈이라고 하는 것입니다.

그때 절묘하게 소유하는 행복 이상의 행복을 느끼게 되니, 이것이 바로 '초월행복론'인 것입니다. 이해가 되셨나요? 이해가 된 자신을 위해 박수 한번 쳐 볼까요! 축하합니다. "짝짝짝짝짝"

이해가 안 되어 박수가 안 나온다면 어찌할까요? 간단한 방법이 있습니다. 한 번 더 읽어보세요.

양주동 박사님의 "이해 안 되면 100번만 읽어봐라. 이해 안 되는 것이 없다."는 말씀을 중학교 때 국어책에서 배운 기억이 납니다.

천일기도를 마친 수행자

어느 절에서 매일 3천 배를 올리며 천 일 동안 기도를 하는 수행자가 있었습니다. 이건 정말 아무나 할 수 있는 일이 아니기에 모두의 존중과 존경을 받았습니다. 어느덧 3년의 세월이 지나 드디어 천일기도를 마무리하는 날이 되었습니다. 수행자는 새벽부터 시작한 3천 배로 땀범벅이 되어 오후 늦게야 기도 회향을 하게 되었지요.

그동안 많은 장애가 있었지만 무사히 기도를 성취한 것이 꿈만 같았습니다. 미소 짓는 부처님을 올려다보니 기쁨으로 가슴이 벅찼습니다.

지켜보던 사람들도 박수를 치며 기도 성취를 함께 축하해 주었습니다.

법당문을 나와 신발을 신었는데 그만 벌러덩 넘어졌습니다. 누군가가 그의 신발에 끈끈한 가래침을 잔뜩 뱉어놓은 것입니다. 넘어지는 순간 수행자는 화를 참지 못하고 소리를 질렀습니다.

"누구야, 누가 감히 오늘 같은 날 내 신발에 침을 뱉어 놓아 나를 넘어지게 한거야. 얼른 나와!" 사람들은 깜짝 놀라 어찌할 줄을 몰랐습니다.

"아이구 어떻게 하나? 도대체 이런 짓을 한 사람이 누구야! 누구냐고?"

수행자는 3년간 마음속에 가두어 두었던 분노를 터트리기라도 하듯 소리 소리를 지르며 화를 내니 주변이 쩌렁쩌렁 울렸습니다. 아무도 그의 분노를 막을 수가 없었습니다. 그때였습니다.

"3천 배 수행, 3년 기도가 무슨 소용이 있느냐?"

순간 깜짝 놀란 수행자가 정신을 차리곤 옷매무시를 가다듬고 꿇어앉았습니다.

스승님이 수행자를 향해 천천히 걸어왔습니다.

"깨끗하다, 더럽다. 에서도 벗어나지 못하고 제 성질 하나도 못 다스리면서 무슨 천일기도를 했다고 큰소리를 치느냐? 쯧쯧 쯧쯧 침이니 얼마나 고마우냐? 똥보다는 훨씬 낫겠구나. 다른 사람이 넘어지지 않고 네가 넘어졌으니 그 또한 얼마나 다행스러운 일이냐? 수행은 성냄을 멀리하고 흔들리는 마음을 다스리는 것이거늘. 그동안 헛공부를 했구나! 공부하는 척 세상을 속이고 자신을 속였으니 그 죄가 하늘을 찌른다! 한 생각 바꾸는 것이 공부이거늘 어찌 이리 어리석단 말이냐? 공부 다시 시작하거라!"

마무리와 3행시

  우리가 행복하려면 한 생각을 바꾸면 됩니다. 공부를 했다고 분별심을 내거나, 교만심을 내어서는 안 되겠지요. 행복의 최고 선물인 '초월행복론'으로 여러분들의 한 생각이 바뀌어 나날이 행복하시기를 기도드립니다.

오늘은 '한 생각'이라는 삼행시로 마치겠습니다.

한 : 한 생각을 바꾸면 존재하는 것만으로도 무한행복입니다.

생 : 생명의 유한함과 자연의 무한함에도 눈을 뜨게 됩니다.

각 : 각각이 알고 보면 모두가 자연이니, 한 생각만 바꾸면
     초월 행복론의 해탈과 자유, 없음이 마음에 성큼 들어옵니다.

고맙습니다. 사랑합니다. 축복합니다. 행복하세요.

정체성(正體性;Identity)

나의 정체성은 무엇일까?
우선은 자연이다.

자연인 내가
행복하게 세상을 살아가려면
자신에 대한
가치관 정립이 필요하다.

나는 쓸모 있는 존재다
나는 세상에 하나밖에 없는 귀한 존재다.
나는 무엇이든 잘 할 수 있는 존재다

나는 소중한 자연의 일부이다.

나를
대신할 존재는 이 세상에 아무것도 없다.

교만하지 않은 자존감
이것이 마음공부의 핵심이다.

그것이 바로 내 정체성에 대한
긍정적 가치관 정립이다.

16강 정체관
나는 무엇인가?

지난 이야기

지난 시간까지 4번에 걸쳐 행복에 대한 이야기를 나누었습니다.

행복이란 욕구하는 것이 성취되었을 때 느끼는 긍정감, 기쁨입니다.

그리고 소유축에서는 구현행복론과 지족행복론을 이야기했고 욕구축에서는 초월행복론이 나올 수 있음을 알았습니다. 욕구가 줄어들수록 행복의 양이 커진다는 것도 아셨을 것입니다.

모를 때보다는 행복이 내 곁에 가까이 있음이 느껴지셨지요. 언제든 내 마음먹기에 따라 행복할 수 있고 그 크기도 달라질 수 있음을 아시는 것만으로도 삶이 여유로워지셨으리라 생각하며 오늘은 행복과 불행을 모두 손에 쥐고 있는 '나'에 대한 이야기를 나눠보겠습니다.

정체관

오늘 주제가 무엇일까요? 네 바로 '정체관'입니다. 정체라고 하면 무엇이 떠오르시나요? "너의 정체는 무엇이냐?" 그런 것도 떠오르시지요?

여기서 이 정체란 말은, 그냥 '자아(自我)', '나'라는 말이라고 할 수 있습니다. 그런데 왜 정체라고 했을까요?

이 '나'라는 단어가 단순한 '나'가 아니라, 아주 이기적인 뜻이 숨어있기 때문입니다. 그래서 누구라도 '나'라고 하게 되면 그 말과 함께 이기적인 에너지가 따라오게 됩니다. '나'라고 한번 해보십시오. "나"

바로 너와 내가 구별 지어지고, 속에서 나의 울타리가 쳐지거나, 쳐야 할 것 같은 마음이 됩니다. 그런 것을 조금 피하기 위해 '정체'라는 단어로 바꾸게 되었습니다.

정체가 왠지 '자아'나 '나'보다는 약간 객관적인 느낌이 듭니다. 조금 객관적인 너의 입장에서 나를 '이런 사람이면 좋겠어.' 하고 표현해 보려는 것입니다. 그래도 정체나 정체성에 대한 정확한 뜻은 아는 게 시원하시겠지요.

정체성은 '상당기간동안 일관 되게 유지되는 고유한 실체', '다양한 상황에서 유지되는 가치관 행위 개인의 자의식과 독특성'을 말합니다.

우주의 중심인 나

질문 하나 드리겠습니다. 우주의 한 센터에 무엇이 있습니까? 그렇죠. 내가 있습니다. 우주의 한 센터에 있는 이 나라고 하는 존재는 우주에서 오직 하나밖에 없는 유일무이한 존재이고, 의미입니다.

나를 **빼놓고** 한번 생각해보십시오. 아무런 존재 의미가 없습니다. 내가 없는데 집이 무슨 의미가 있고, 자동차는 무슨 의미가 있고 사랑하는 자식이나 배우자가 무슨 의미가 있겠습니까? 돈은 무슨 의미이고 나라는, 우주는 무슨 의미가 있습니까?

내가 있고 나서 가정이 있고 내가 있고 나서 역사가 있고 내가 있고 나서 나라가 있고 우주가 있는 것이지, 내가 없다면 이야기할 아무런 의미와 가치가 없는 것입니다. 그러니까 이 '나'라고 하는 존재는 정말 중요합니다.

무엇이 나입니까? 나란 무엇이냐? 하고 스스로 한 번 물어보십시오. 그러면 나란 무엇이다 무엇이다 무엇이다 하는 무수한 답이 나오겠지요. 나는 홍길동이다. 무슨 회사 직원이다. 대표이다. 등등 하여튼 '나는 무엇이다'가 수없이 있을 것입니다. 이런 것을 통합한 것이 '나'입니다.

그런데 그 나라고 하는 것, 예를 들어 '나는 무슨 회사 사장이다.' 이것도 끝내는 하나의 관점입니다. 그러니까 '나란 무엇이다.' 하는 이 명제는 내가 나와 사회의 신념체계 하나로 그냥 제 속에서 그렇게 쓰고 말하고 있는 것입니다.

이렇게 나에 대해서 탐색해 들어가다 보면 조금 전까지 '나는 이런 존재야.' 했는데 들어가 보면 볼수록 나에 대한 다양한 관점이 나오게 됩니다. 그래서 가능하다면 나에 대한 정체관을 나와 우리의 행복에 도움이 되는 쪽으로 선택해야 합니다. 그리고 그 관점을 최고의 정체관으로까지 끌어올릴 수 있으면 좋겠다는 말입니다.

석가모니의 깨달음

석가모니는 '죽음'이라고 하는 사실 앞에서 꼼짝도 못 했습니다. 아주 불쾌했고, 답답했고 그것 때문에 다른 모든 일을 못 할 정도로 고민을 했습니다. 그래서 모든 부와 명예를 다 버리고 왕궁을 떠나 수행자의 길로 나섰습니다. 그 후 6년간 수행한 끝에 무슨 사건이 일어났느냐?

바로 나에 대한 관점이 확 바뀌게 된 것입니다.

'나는 생로병사하는 하찮은 존재이다.' 하며 몸의 변화만 보고 불쾌하고 답답하고 실망하던 관점에서 '나는 세상을 바꿀 수 있는 위대한 존재다!' 하는 무한하고 위대한 마음의 세계, 자연의 세계를 볼 수 있는 관점으로 바뀐 것입니다.

그 깨달음과 동시에 답답했던 마음이 무한 우주로 열렸습니다. 모든 것은 내 마음에 달려있다는 것을 깨닫게 된 것이지요. 해탈한 것입니다.

여기서 우리가 주목해야 할 것은 내가 나에 대한 정체관을 어떻게 하느냐에 따라 삶이 달라진다는 것입니다.

인생의 행복과 불행은 나의 선택에 달려있습니다.

보편적 사람들의 정체관

그러면 나에 대한 정체관을 어떻게 세워야 하겠습니까? 만약 이런 생각 없이 그냥 살아간다면 어떨까요?

마치 용이 실뱀의 탈을 쓰고서 내 혼은 용인데 나는 '실뱀이다, 실뱀이다.' 하고 살 수도 있습니다. 얼마나 억울한 일입니까? 속에서는 용이 꿈틀대고 있는데, 주인인 자신이 자신을 용이라고 하지 않고 실뱀이다. 하고 있다면 어떻게 되겠습니까?

그런데 칠십억 인류 중에서 몇 사람만 빼놓고는 대부분의 사람이 실뱀 탈을 쓴 것과 같은 삶을 산다고 해도 지나친 말이 아닙니다.

행복한 사람들의 정체관1

그래서 이 시간에 우리가 나누고자 하는 것은 그 자아관, 정체관을 한수 달리해보자는 것입니다. 변화시킬 수만 있으면 지고한 경지로 까지 정체관을 혁신시키고, 변화시켜서 나에 대한 최고의 정체관을 확립해 보자는 것이지요. 의도적으로 최고의 존재가 되어보자는 것입니다.

어떻게 하면 좋을까요? 크게 세 가지 정체관을 권하고 싶습니다. 평범한 정체관이지요.

첫 번째는 '내가 이 세상의 주인이다.'하는 주인 정신을 갖는 것입니다. 내 인생의 주인은 나라고 하는 확실한 믿음을 가지고, 주인의 행동을 하는 것입니다. 권력을 휘두르고 제멋대로 하는 주인노릇을 하는 것이 아닙니다. 주인 정신을 갖는 것입니다.

주인 정신은 누구에게 필요할까요? 주인 정신은 남녀, 노소, 귀천 없이 누구에게나 필요한 정신입니다. 보편적으로 필요한 이 정신 하나가 확실해진다면, 이 세상은 바로 세상에 존재하는 천국이 될 것입니다.

왜 그럴까요? 주인 정신을 가진 사람은 자기가 주인이니까, 자기 주변을 살피게 되고 주변이 보다 행복하고 더욱 평화롭게 되도록 노력하게 됩니다.

어떤 가게에 들어갔을 때 종업원만 있는 것과 주인이 있는 것은 다릅니다. 물론 종업원이 주인의식을 가지고 있는 특별한 경우를 제외하고는 거의 그 친절과 성의 면에서 판매 태도에서도 확연한 차이가 느껴집니다.

내가 있는 곳 어디에서든지 나의 삶이 펼쳐지는 곳이라면 내가 주인이라는 의식을 갖는 것과 그냥 사는 것과는 천지 차이가 날 수밖에 없는 이유입니다.

어떤 가정의 자녀가 '나는 이 가정의 주인이다.' 하는 주인 의식을 가지고 사는 것이 좋겠습니까? '주인은 아버지와 엄마이고, 나는 아니다.' 하는 편이 좋겠습니까? 당연히 주인의식으로 사는 것이 좋습니다.

자기가 주인이니 온 가족이 어떻게 하면 더 편안하고 즐겁게 살 수 있을까? 생각하게도 되고 가족을 위해 내가 할 일을 생각하게 됩니다. 자식을 말 잘 듣는 로봇으로 키워서는 안 됩니다. 또 내가 주인이니 집안일도 알아서 하게 되고 다른 가족을 돌보는 마음이 생길 수 있습니다. 가족들의 마음이 어떤지도 살피려 하고, 모두가 더 행복해지는 방법을 생각하게도 될 것입니다.

행복한 사람들의 정체관2

그리고 이 주인 정신을 기초로 해서 하나 더 유념할 것은 긍정적(四次元) 정체관을 갖는 것입니다. 세상 사람들은 나, 나, 하고 살면서도 자신에 대한 부정적인 정체관을 가지고 있는 경우들이 아주 많습니다.

특히 우리가 일제강점기를 거치면서, '나는 못났다. 나는 할 수 없다.'라는 부정적인 정체관이 주입되었고 그것이 아직도 우리 속에서 자신을 내 것을 내 나라를 비하하는 의식이 사라지지 않고 있습니다.

2021년 유엔의 여러 나라에서 우리를 제발 선진국이 되어달라고 해서 우리는 이제 세계에서 명실공히 세계가 인정하는 선진국입니다.

그런데도 우리는 자신과 대한민국을 다른 나라에 비교하여 업신여기는 마음과 태도를 가진 사람들이 아직도 많습니다. 빨리 벗어나야 합니다. 내가 나를 업신여기면 남들은 더 나를 업신여깁니다.

또 교육열이 과하다 보니, 공부만 잘하면 된다는 잘못된 인식이 있습니다. 고생을 안 시키고 뭐든지 대신해주고 싶은 엄마로 인해, 공부 외에는 할 줄 아는 게 없이 자란 친구들이 '난 못해'와 결정장애로 자신이 없고 기가 죽어 있는 경우도 많습니다. 보다 행복하게 살아가려면, 이제 우리가 가지고 있는 이런 부정적인 자세와 정체관을 싹 바꿔야 합니다.

이런 것에 걸려 넘어져서는 안 되겠지요. 누가 보아도, 외모도 괜찮고, 좋은 회사에 다니고 있고, 잘하는 것이 많은 데도 불구하고 자기비하에 빠진 사람들이 많습니다. 자기에 대한 부정적 정체관은 자신을 기죽이고 주변을 힘들게 합니다. 이런 부정적 정체관이 올라올 때마다 긍정의 망치로 꽝꽝 깨부수어야 합니다.

"난 이 정도면 훌륭해." "난 이렇게 잘 할 수 있는 것이 많아."

"난 이만하면 아주 잘생겼어."

이렇게 수시로 나에 대해 긍정감과 자존감, 자부심을 갖도록 하는 것입니다. 자신이 그런 마음을 갖지 않으면 남들도 무시합니다. 인생도 잘 풀리지 않습니다.

나타리웃 닮은 예쁜 친구

대학 다닐 때 정말 예쁜 친구가 있었습니다. 그때 인기가 있었던 '나타리웃'이란 외국 배우처럼 피부도 하얗고 이목구비도 또렷하고 참 예뻤고 더구나 인천 명문여고 출신이었습니다.

늘 내 부러움의 대상이었는데 어느 날 학교에서 성격검사를 했습니다. 우연히 그 친구의 설문지를 보게 되었습니다. 문항이 "당신은 당신의 외모에 만족하십니까?"였는데 나는 당연히 그 친구가 그렇다고 할 줄 알았어요.

그런데 '아니오.'에 동그라미를 치는 거예요. 이상하게도 그다음부터 그 아이가 별로 예뻐 보이지가 않았습니다. 그래서 지금까지도 그 기억이 생생합니다.

내가 나를 괜찮다고 생각하지 않는데 남이 나를 괜찮다고 봐주지는 않는다는 것이지요. 잘난 척을 하라는 것이 아니라 자신에 대해 항상 당당하라는 것입니다.

두 번째는 나에 대한 긍정적 정체관을 가져야 한다는 것입니다.

"나 괜찮은 사람이야." "나는 할 수 있어." "나 잘났어." 얼마나 좋습니까?

행복마을 수련에서 긍정적 정체관을 북돋우기 위해서 '나의 긍정점 삼천 3가지'라는 시간을 갖습니다.

보지도 듣지도 말하지도 못하는 '헬렌 캘러'가 자기의 긍정점을 삼천 가지를 쓴 것에 기인하여 우리는 삼천 3가지를 찾아보는 것이지요.

'나의 긍정점 삼천 3가지'를 발표하는 날은 수련장이 확 살아납니다. 그만큼 우리들은 자신에 대한 긍정적 정체관을 말할 곳이 없었음을 알 수 있습니다. 처음엔 대부분 쑥스러워하다가 나중에는 자신감과 자긍심으로 얼굴이 펴지고 목소리가 커지면서 자신의 자랑거리에 놀라곤 합니다.

세 번째는 세상의 주인이고 긍정감이 넘치는 내가 이 세상을 천국으로 만들리라 하는 정체관을 갖는 것입니다. 나를 만나는 사람에게 칭찬과 격려와 용기를 주며, 보시 감사를 실천하는 것이지요.

'세상의 주인'이라고 할 때 이미 이 장을 천국으로 만들겠다 하는 것이 행간에 숨어있는 것입니다.

마무리와 3행시

이제 여러분이 계신 곳이 가정이든, 직장이든 가는 곳의 주인은 나다.

"아주 괜찮은 인간인 내가 의도적으로 이곳을 천국으로 만들리라." 이런 마음을 가지게 되면 아마도 그곳은 나로 인하여 언제나 기분 좋은 천국이 될 것입니다.

우리가 매일 이런 마음에서 출발하여 삶을 살아간다면 나의 인생은 누가 보아도 보람차고 즐겁고 행복한 인생이 됩니다.

오늘은 '정체관'이란 삼행시로 마치겠습니다.

정 : 정체관을, 세상의 주인인 나, 긍정적인 나, 천국을 만들어
　　가는 나로 가져보세요.
체 : 체급과 체형이 달라진, 더 큰 행복을 맛보실 수 있을
　　것입니다.
관 : 관심과 관용이란 정체관도 보태어, 내가 살고 있는
　　이곳을 세상 천국으로 만들어 가시기 바랍니다.

고맙습니다. 사랑합니다. 축복합니다. 행복하세요.

우리 모두의 큰 꿈, 대원

어떻게 살고 싶으세요?

행복하게

살고 싶습니다.

어떻게 살고 싶으세요?

함께 행복하게

살고 싶습니다.

어떻게 살고 싶으세요?

우리 모두 함께 행복하게

살고 싶습니다.

드디어

우리 모두의 큰 꿈

대원을

이루었습니다.

QR코드를 스캔하면 행복특강 강의를
시청하실 수 있습니다.

17강 대원관
우리 모두의 큰 꿈

지난 시간 이야기

지난 시간에는 정체에 대한 이야기를 나누었습니다.

우주의 한 센터에 누가 있습니까? 내가 있습니다. 그렇다면 세상의 주인은 누구입니까? 바로 나입니다. 내가 느끼지 못하는 세상은 별 가치도 의미도 없는 것이기 때문이죠. 그러면 세상에 주인인 나는 어떤 마음을 가지고 살아야겠습니까?

그렇습니다. 주인 정신을 가져야 합니다. 내가 주인이니 주인으로서의 책임과 의무를 하며 행복을 누리고 살아야 되는 것이지요.

'세상의 주인인 괜찮은 내가 기쁜 마음으로 이 세상을 천국으로 만들리라.' 이게 바로 주인 정신입니다. 이 얼마나 멋진 일입니까?

오늘은 이 멋진 일을 과연 어떻게 해나가면 좋을까? 에 대한 이야기를 나누어 보겠습니다.

어떤 꿈이 있으신가요?

여러분은 꿈이 있으시지요? 어떤 꿈이 있으신가요? 꿈이 있으시다면 그 꿈을 다시 한번 조명해보면서 우리들이 '제대로의 큰 꿈을 꾸어 보았으면 좋겠다.' 하는 것이 오늘의 주제입니다.

그 꿈을 '대원(大願)'이라고 부릅니다. 대원이란 큰 소망, 큰 꿈을 말합니다. 여러분의 궁극적인 큰 꿈, 비전은 무엇입니까?

여러분의 대원(大願), 큰 소망(所望)은 무엇입니까? "나의 꿈은 무엇이지?" "나는 현금 십억 부자만 되면 좋겠어." 이것은 대원일까요? 아닙니다.

"십억을 벌어서 무엇을 할래?" "그런 다음엔 또 무엇을 할래?" "그리고 는 또 무엇을 할래?" 하는 질문이 계속 나오게 하는 꿈은, 대원이라고 할 수 없습니다. "무엇을 할래?"라고, 더 이상 물을 수 없게 되는 궁극적인 꿈, 그것이 대원(大願)이고, 그런 대원을 이루어가는 가치관을 갖는 것을 '대원관'이라고 합니다.

대원관(大願觀)이란,

여러분의 삶의 목적은 무엇입니까? '삶의 목적은 행복이고, 내가 궁극 적으로 향해가는 곳도 행복입니다.'

그러면, 내 삶의 목적과 가는 곳이 행복인 사람이 꾸어야 할 큰 꿈은 무 엇일까요? 그렇게 질문을 하고 보면 나는 다행히 갖춘 것이 많아서 행복 한데, 내 주변에 그렇지 못한 사람들이 많이 있음이 발견됩니다.

그러면 내가 행복을 누리기가 편안할까요? 불편합니다. 그럼 내가 마음 놓고 행복하려면 그 사람들도 모두 행복하면 좋겠지요.

그렇게 되려면 우리가 가져야 할 큰 소망은 무엇이어야겠습니까? '내가 행복하려면 우리 모두가 행복해야 한다는 것입니다.' 그래서 우리의 큰 꿈인 대원은 '우리 모두의 행복'이 됩니다.

'우리 모두의 행복'을 나의 가장 큰 소망으로 갖고 살아간다면 모든 존 재가 행복할 것이니 결국 지금 이곳 지구촌이 천국이 되는 것은 바로 내 손안에 달려 있는 것입니다.

대원의 필요성

우리나라 사람 그리고 지구인 전부가 '우리 모두의 행복을 위하여'라는 대원을 가슴 빵빵하게 활구(活句: 마음 속에 살아 움직이는 문장이나 말) 로 지니고 산다고 생각해 보십시오.

또 우리 모두의 행복을 위하여 산다고 하는 이 신념이 머리에 지혜로 있고, 가슴에 느낌으로 있고, 몸에 열정으로 있고 헌신의 마음마저 있다고 해봅니다. 70억 인류가 모두 그렇다고 하면 나라와 나라 사이에 갈등이 사라질 것입니다.

설령 갈등이 일어난다 해도 극히 소수일 것이고 서로 이해와 대화로 해결하게 되겠지요. 가정 내에서의 갈등은 말할 것도 없고, 사회에서의 갈등도 극소화될 것입니다. 그래서 인생에서 정말 중요한 것은 바른 꿈을 갖는 것입니다.

기업가들이 대원을 갖는다면 택배 노동자의 수수료를 떼어먹고 하청업체에 대금 지불을 늦추고, 영세납품업자의 납품단가를 깎는 일은 벌어지지 않겠지요.

행복마을에서는 수련목표 몇 가지를 정해두고 있는데, 가장 큰 뼈대가 대원입니다. 그래서 수련이 끝나고 돌아갈 때는 모두가 얼굴이 환해집니다. '우리 모두의 행복을 위하여'를 몸과 마음으로 익히다 보니 자연스럽게 행복함이 얼굴에 스며들었고, '돌아가면 더욱더, 우리 모두의 행복을 위하여 살아야겠다.'하는 마음가짐이 확실해졌기 때문입니다.

대원의 실천

이렇게 소중한 대원(大願)을 그냥 머리로만 '나 이런 큰 꿈이 있어.' 라고 생각하는 것만으로는 부족합니다. 그것이 '온몸과 마음에서 저절로 우러나오도록' 해야 합니다. 진정으로 나는 내 머릿속 지혜로 느낌으로 열정으로 헌신으로 우리 모두의 행복이 기원 되어야 합니다.

그래서 가능하다면 이 세상 모든 사람이 그 대원을 실현케 하기 위하여 실천할 수 있는 네 가지 방법을 제시하고 있습니다.

첫 번째는 대원을 사무치는 진정성으로 하는 것입니다. '우리 모두의 행복을 위하여'라는 이 마음이 뼛속에서 나오는 소리가 되게 하는 것입니다. 사무치는 마음으로 모두의 행복을 기원하는 것이지요.

사무치는 마음으로 모든 존재들의 행복을 한 번, 두 번, 세 번 빌어봅니다. 그렇게 기원하는 과정에서 처음에는 그냥 반짝이는 신념으로 출발을 하지만, 거듭 기원하다 보면 마음의 느낌으로, 몸의 열정으로 우리 모두의 행복을 기원하게 됩니다. 또한 나를 바치리라. 하는 헌신의 경지까지 이르게도 되는 것입니다. 진정성(眞情性)이 대원관의 실천 첫 번째입니다.

두 번째는 대원의 범주를 넓히는 것입니다. 처음에는 우리의 행복이라고 할 때, 내 가정 정도의 행복에서 끝나는 사람들이 얼마든지 있습니다.

그런데 내 가정보다는 조금 더 넓어져야 합니다. 그래서 직장까지, 지역사회까지, 나라까지 넓혀 나갑니다. 내 나라의 행복을 기원하다 보니 이웃 나라도 생각하게 됩니다. 그러다 지구 전체로 넓어져 '전 인류의 행복을 위하여'라는 마음이 저절로 생기게 됩니다.

더구나 지금은 지구가 하나의 공동체가 되었습니다. 지구 전체가 한 나라요, 한 동네요, 한 가정과 같은 세상이 되었다는 뜻이지요. 그렇기 때문에 행복을 비는 범주가 내 가정이나 내 나라 정도에서 머무르면 안 되겠지요. 최소한 지구까지는 나아가야 합니다. 일단 지구까지 나갔다 하면 태양계까지 넓혀지는 것은 간단합니다. 그다음으로 은하계, 우주까지 그냥 '위하여'를 하게 됩니다.

우리의 마음은, 정말 무한하고 무량합니다. '내가 조금 더 넓혀야겠어.'라고 마음먹는 순간, 이렇게 확 넓어지게 되는 것입니다. 우리의 혼은 우주에서 왔고 우주 자체이기 때문입니다. 이 혼은 자기가 온 곳, 고향으로 돌아가고 싶어 하고 우주적으로 살고 싶어 합니다.

그런데 이 혼의 주인인 내가 우리 가정의 행복만을 위해서 살겠다. 하고 자기 속에 있는 DNA의 외침을 외면해 버린다면 참으로 안타까운 일입니다. 그래서 대원의 범위를 넓혀가라는 것이지요.

기전향

세 번째는 구체적인 몸의 소리로 기원을 하는 것입니다. 몸으로 하지 않는 기원은 부족합니다. 대충 열중쉬어를 하고는 우리 모두의 행복 위하여 살아야지, 지구도 행복하면 좋지, 더 나가 볼까. 태양계 은하계 우주 모두 행복해야지. 하는 것은 안 하는 것보다는 훌륭합니다.

그런데 온몸과 마음으로 정성을 다해 기원을 하게 되면 그 기운이 완전히 다르게 됩니다.

몸과 마음의 소리란, '기전향(起傳向)'을 말합니다. 내 사랑의 에너지를 모두 일으켜서 하는 것이지요. 이 사랑의 에너지는 우주의 에너지장 속에 있습니다. 내 몸은 그 사랑 에너지의 통로입니다.

그래서 '기전향(起傳向)'이라고 하면서 우주에 있는 사랑의 에너지를 정성을 다하여 두 손으로 끌어 올리고, 내 몸을 통로로 하여 원하는 사람에게 그 기운을 보내주어 상대의 기운을 향상해주는 것입니다.

그렇게 기운을 보내주게 되면 그 에너지는 바로 내가 목표로 삼은 그 존재들에게 흘러가게 되어 그들의 기운을 북돋워 주게 되는 것이지요.

장독대에 정한수 떠 놓고 비시던 어머니의 정성이 전해지는 것처럼 말입니다. 에너지는 가지 못할 곳이 없습니다. 이것이 구체적인 몸의 소리로 기원하는 것입니다.

기전향 실습

한번 해볼까요? 가장 기운을 북돋워 주고 싶은 사람을 정해 보세요. 그 사람의 얼굴을 떠올리고 온 정성을 다해 기전향을 해봅니다.

"사랑하는 아들, 나의 전 존재 전 에너지를 기하여 전하니 원하는 일 모두 잘 되기를 바란다."

아침에 눈을 뜨면 "세상의 주인 나는 행복하다. 행복하다. 행복하다."를 하고 난 후에 가족 한 사람 한 사람에게 기전향을 해 주는 것입니다.

당연히 가까운 사람부터 해가는 것이 좋겠지요. "소중한 00 님, 온 마음을 모아 기전향하오니 오늘도 만사형통하소서."

"귀한 00 님, 내 사랑의 기운을 모아 기전향 드리니 오늘도 원하는 일 모두 이루고 행복하소서." "예쁜 00 님, 엄마의 사랑을 듬뿍 담아 기전향하니 즐겁고 행복한 날 되소서."

그리고 전철이나 버스를 타면 "함께 가시는 분들 모두 건강하고 행복하소서." 하며 간단히 기전향을 합니다.

직장에 가면 먼저 직장을 위하여, 그 다음은 함께 일하는 사람들을 위하여 기전향을 해줍니다. 그리고 가볍게 어디서나 기전향을 합니다. "오늘도 모두 즐겁고 행복하소서."

산에 가면 나무와 풀과 새들에게, 하늘을 보면 하늘에게, 땅을 보면 땅에게, 그렇게 기전향으로 기도하는 것입니다. 세상을 보는 눈과 마음이 완전히 달라짐을 느낄 수 있을 것입니다.

어떤 선생님이 수련을 받고 가서, 아이들과 교실에서 기전향을 매일 실천했더니, 여러 가지 좋은 일이 생겼다고 소개를 하셨습니다. 친구들끼리 사이가 더 좋아지고 교사와의 관계, 가족과의 관계도 좋아졌으며 학습 태도까지 눈에 띄게 좋아졌다고 하셨습니다.

네 번째로 가장 가까운 대상부터 대원을 실현해갑니다. '천 리 길도 한 걸음부터'입니다. 우주를 향한 큰 꿈을 가졌다면 가장 가까운 대상에서부터 그 꿈을 실현해가도록 하는 것입니다.

'첫걸음은 내 가정과 내 직장을 행복하게 만들리라.'부터 합니다. 내 가정 내 직장에서 잘되면, 내 나라 지구 태양계 은하계 내지 무한 우주까지를 천국으로 극락으로 만들리라 하는 희망을 품고 대원관을 하는 것입니다.

'세상의 주인인 괜찮은 내가 우리 모두의 행복을 위하여 이 세상을 천국으로 만들리라.'

"000 님, 사랑의 기운을 모아 전하오니 원하는 일 모두 이루소서."

"000 님, 사랑의 기운을 모아 전하오니 건강하고 행복하소서."

"나무 님, 내 사랑을 모아 기전향합니다. 튼튼하게 자라소서."

그래서 우리의 큰 꿈, 대원이 한정된 곳에 매여 있지 않고 우주적으로 모두에게 열려있는 그런 삶을 살 수 있었으면 좋겠습니다.

UBUNTU(우분트)

아프리카 부족에 대해 연구 중이던 인류학자가 아프리카 오지의 어떤 마을에 갔습니다. 어린이들이 놀고 있는 곳에 가서 게임 하나를 제안했습니다. 싱싱하고 달콤한 과일이 가득 든 바구니를 멀리 바위 위에 올려놓고는, 가장 먼저 바구니까지 뛰어간 아이에게 과일을 모두 주겠다고 했습니다. 그 인류학자는 아이들이 당연히 과일을 자기가 가지려고 앞을 다투어 먼저 뛰어가리라 생각했던 것입니다.

그런데 뜻밖에도 손에 손을 잡은 체 함께 달리기 시작했습니다. 바구니 앞에 다다르자 모두 함께 둘러앉아 즐겁게 웃으며 과일을 나누어 먹었습니다. 인류학자가 아이들에게 물었습니다.

"누구든 일등으로 간 사람에게 모든 과일을 주려 했는데 왜 손을 잡고 같이 달렸니?"라고 묻자 아이들은 "UBUNTU"라고 입을 모아 말했습니다. UBUNTU(우분트)는, 아프리카어로 "우리가 함께 있기에 내가 있다."라는 뜻입니다. "다른 아이들이 다 슬픈데 어떻게 나만 기분 좋을 수가 있어요?"

이야기 나온 김에 록펠러 이야기 하나 더 해볼까요?

록펠러는 1839~1937년 98세까지 장수한 세계 최고 부자입니다. 그의 재산을 지금 가치로 환산하면 400조 원에 육박한다고 합니다.

고등 교육을 받지 못한 록펠러는 고등학교 중퇴 후 직장 생활을 하다가 일찍부터 사업을 시작했습니다. 1870년 31세 엑손 모빌의 전신인 '스탠더드 오일'을 창업하여 큰 부자가 되어 33세에 이미 백만장자가 되었고, 53세에 세계 최고 부자가 되었습니다.

그런데 1894년 55세에 암 선고를 받게 되었습니다.

병원에 입원하고 있던 어느 날 산책을 하러 병원 문밖을 나오려는데, 어떤 여자가 울고불고 병원 직원과 실랑이를 벌이고 있었습니다. 비서에게 가서 무슨 일인가 알아보라고 하니 아이가 오늘 수술을 해야 살 수 있는데, 돈이 당장 없어 일단 수술을 하고 있으면 돈을 구해온다고 하는데 병원에서는 안 된다고 한다는 이야기였습니다.

록펠러는 누가 주었는지는 밝히지 말고 당장 수술할 수 있게 지원을 해주라고 했습니다. 병원에 입원해 있는 동안 그 소녀가 점점 좋아져서 해맑게 웃고 다니는 모습과 부모가 기뻐하는 모습을 보니, 돈을 벌 때와는 다른 행복감이 밀려왔고 자신이 헛살았다는 것을 깨닫게 되었습니다.

그러면서 물질에 대한 집착을 점점 놓아 버리자 기적처럼 록펠러의 암세포가 사라지게 되었습니다.

그래서 몇 살까지 살았다구요? 98세까지 살게 되었습니다.

그는 60세에 트러스트(독점대기업)를 해체하고 72세에 은퇴한 후 시카고 대학과 록펠러 재단을 설립했고 병원, 연구소, 교회, 학교 등을 설립해서 자선 사업에 전념한 것이 장수의 비결이었을 것이라고 생각하면 지나친 상상일까요?

자신의 이익만을 위해 살다 병이든 록펠러가 자선사업을 하면서 다른이의 행복한 모습을 보게 된 기쁨으로 행복을 누리며 살게 된 것이지요.

마무리와 인사

이런 마음으로 살아가자는 것이 행복특강의 속마음입니다.

우리도 가난한 시절엔 지금보다 더 많이 나누고 살았습니다. 그런데 물질이 풍요롭게 되니 욕심으로 오히려 마음이 가난해졌다는 생각이 듭니다. 이제 우리가 물질도 풍부하고, 마음도 풍요로운 세상을 위하여 함께 행복을 만들어 가면 참 좋겠습니다.

오늘은 '대원관' 삼행시로 마치겠습니다.

대 : 대원관의 참뜻은 '세상의 주인인 내가,
　　 우리 모두의 행복을 위하여 살아간다.' 하는 큰 꿈을
　　 갖는 것입니다.
원 : 원하는 대로 이룰 수 있고, 이루어질 것입니다.
관 : 관심을 사람과 자연, 동물들의 행복으로까지 넓혀갈
　　 수 있기를 기원합니다.

고맙습니다. 사랑합니다. 축복합니다. 행복하세요.

수심(修心)이란?

인생의 목적은 행복이다.

그래서

수심(修心)이란?

행복에 도움이 되는 마음은 장착하고

행복에 방해되는 마음은

깨끗이

닦아내는 것이다.

QR코드를 스캔하면 행복특강 강의를
시청하실 수 있습니다.

18강 수심론
마음관리 어떻게 할까?

지난 이야기

지난 시간에는 우리가 가져야 할 큰 꿈, 대원관에 대해서 이야기 나누었지요?

우리가 이 생명 다할 때까지 가져야 할 대원관은 무엇이었습니까? 그렇습니다. "우리 모두의 행복을 위하여 살아가리라." 하는 것이었지요.

그리고 그것을 좀 더 적극적으로 이루기 위해서 기전향을 하자는 말씀도 나누었습니다.

"나의 온몸과 마음으로 사랑의 기운을 모아, 당신에게 전하오니, 원하는 일 꼭 이루소서, 무량한 복덕이 향상되소서" 하고 좋은 일이 있기를 기원해 줍니다.

장독대에 정한수 떠 놓고 비시던 어머니의 마음으로, 진정으로 상대의 복을 기원해주는 것입니다. 그렇게 상대를 위해주는 것이 결국 누구를 위하는 것일까요? 나를 위하는 것입니다. 우리는 지금 모두 함께 살아가고 있으니까요. 우리 삶의 목적은 결국, 우리 모두의 행복입니다.

수심이란,

그런데 이렇게 우리 모두 행복하기 위해서는 배워 알기만 한다고 그냥 되지는 않습니다. 뭘 잘해야 할까요? 마음을 잘 다스려야 합니다.

그래서 오늘은 마음 관리 어떻게 할 것인가?

수심(修心)에 대한 이야기를 나눠보도록 하겠습니다. 수심(修心), 여러분 수심이라고 하면 바로 감이 오시지요? 직역하면 '마음을 닦는다.'는 뜻입니다. 또 '마음을 관리한다. 마음을 다룬다.' 하는 개념도 됩니다.

마음이란 다른 말로 심소(心所)라고도 하고 염체(念體)라고도 합니다. 염체(念體)란 사람이 내어놓는 모든 느낌이나 생각을 말합니다. 그럼 좀 더 구체적으로 수심에 대한 이야기를 나눠볼까요?

수심(修心)은 어떻게 할까요?

수심을 잘하려면 일단 내 마음속에 어떤 마음이 있나를 알아야겠지요. 행복에 도움이 되는 마음과 행복에 장애가 되는 마음, 딱 2가지 마음이 있습니다. 이것만 알면 수심이 아주 쉬워집니다.

이 두 가지 마음 중 행복에 도움이 되는 마음은 어떻게 할까요? 두말할 것도 없이 내 의식 공간, 마음 공간에 설치하고 장착을 해야 합니다. 그렇다면 행복에 방해가 되는 마음은 어떻게 할까요?

그 마음은 당연히 쓸어내고 닦아내고 씻어내고 정화를 하면 됩니다. 그것이 수심(修心)입니다. 그러니까 행복에 도움이 되는 마음은 내 의식 공간 안에 장착해야 합니다. 행복에 도움이 되는 마음이 없다면 어디서 다운(down)을 받아와서라도 내 의식공간에 장착(裝着)을 해야 합니다.

내 의식공간에 행복에 도움이 되는 마음이 장착되어 있다고 한번 상상을 해보세요. 그렇다면 틀림없이 현실이 행복으로 드러나게 됩니다. 현실은 항상 내 마음의 투영이기 때문이지요.

내 마음에 있는 것이 바깥의 현실로 드러나는 것, 이것이 세상의 원리입니다. 삶을 살아가는 사람이 이 원리를 모르고 있다면 그 사람은 인생을 잘못 살고 있는 것이지요. 원하는 현실이 있다면 먼저 내 마음속에 그 원하는 현실의 영상자료가 들어있어야 합니다. 그러니까 행복해지려면 행복에 도움이 되는 마음을 장착해야 한다는 것이지요.

행복에 관련된 마음들

그러면 행복에 도움이 되는 마음이란 어떤 마음일까요? 나에 대한 자존의 마음, 세상에 대한 감사의 마음, 미래에 대한 긍정과 희망의 마음 서로 배려하고 사랑하는 마음 도전과 용기 이런 것들이 행복에 도움 되는 마음입니다. 행복에 장애가 되는 마음도 있습니다.

욕심내는 마음, 분노하는 마음, 불만 불평 미움 열등감 폭력 포기 등 이런 어리석은 마음들이 행복에 장애가 되는 마음입니다.

그런데 이렇게 행복에 장애가 되는 마음은 어찌하면 좋겠습니까? 그냥 두어야 할까요? 안됩니다. 그것은 닦아내고 씻어내고 정화를 해야 합니다. 그래서 행복에 도움이 되는 마음은 장착하고 행복에 장애 되는 마음은 닦는다, 씻는다, 정화한다. 이것이 바로 수심입니다.

수심에 있어서 우리들이 필히 알아두어야 할 것이 있습니다. 그것은 '나의 현실, 나의 삶은 내 마음의 투영이다.' 하는 원리입니다. 내 마음속에 없는 것은 현실로 나오지 않는다는 사실을 확실히 알아야 합니다. 이 원리를 소홀히 하는 사람은 행복한 인생을 살기가 어렵겠지요.

현실은 100% 내 마음의 투영

내 마음이 허술하다고 하면 어떻게 되겠습니까? 내 마음이 허술하다고 하면 결과도 모두 허술하게 나오겠지요?

돈을 벌려는 마음이 없는 사람은 돈을 잘 벌지 못할 것입니다. 내 마음속에 '나는 잘 할 수 있다. 능력이 있다.'하는 마음이 없다면 일이 잘되거나 능력을 발휘하기가 어렵습니다. 반드시 알아두어야 할 원리와 현실은, 마음을 어떻게 먹느냐에 따라 그 결과가 달라진다는 것입니다. 현실은 100% 내 마음의 투영이기 때문입니다.

수심 작업

그러면 우리는 그 원리를 알고 무엇을 해야겠습니까? 당연히 해야 할 일은 내 마음 관리, 수심 작업입니다. 행복에 필요한 것은 마음에 장착하고 불필요하고 해로운 것은 마음에서 지우는 것입니다. 그러면 무엇을 장착해야 하겠습니까? 장착해야 할 것이 아주 많습니다.

요새 스마트폰에 앱을 설치하시지요? 앱이 많고도 많은데 다 설치할 필요는 없겠지요. 나에게 꼭 필요한 것만 설치하면 됩니다.

그런데 장착해야 할 가치관이 '5만 가지'나 있는데 어찌해야 할까요? 우리가 마음에 장착해야 할 것은, 행복에 도움이 되는 바람직한 가치관 신념체계 프레임을 간단히 5가지만 설치하면 됩니다.

세상에는 많은 신념체계 가치관 프레임 중에서 이것이 꼭 필요하다고 여겨지는 것을 스승님께서 평생을 걸고 사유하시어 5가지로 압축해주셨습니다.

함양에 있는 동사섭 행복마을 수련원에 가면 삶에서 바로 적용할 수 있는 이론과 실습의 행운을 만나보실 수 있습니다. 인생에서 그런 행운도 한번 누려보시길 권해드립니다.

5가지의 가치관 장착

인생을 행복하게 살아가는 데 거의 부족함이 없는 다섯 가지 중에 첫 번째가 지난번에 공부한 바람직한 정체관을 장착하는 것입니다. '나는 괜찮은 사람이다. 세상의 주인이다.' 하는 자아관(自我觀), 정체관을 설치하는 것입니다.

두 번째로는 그렇게 괜찮은 내가 나아가야 할 방향 설정을 잘하는 것입니다. 그것이 바로 우리 모두의 행복을 위해서 살아가리라 하는 대원(大願)의 가치관을 마음에 장착하는 것입니다. 즉, '천하의 주인인 내가, 우리 모두의 행복 해탈을 위하여 살아가리라.' 하는 행복의 주춧돌을 놓는 것입니다. 이것은 누구에게나 적용할 수 있는 바람직한 가치관입니다.

이렇게 2가지의 가치관으로 행복을 위한 마음의 설계를 마쳤으니 구체적으로 어떤 것을 행동으로 실천해야 될까? 하는 스승님의 깊은 사유 끝에 3가지의 실천 가치관이 탄생했고, 드디어 행복의 5대 원리가 완성되었습니다.

먼저 안으로 마음을 잘 다스려 마음천국을 만든다는 '수심'이란 가치관을 장착하고, 다음은 함께 살아가는 사람들과 좋은 관계를 맺어서 관계천국을 만드는 화합의 가치관을 장착합니다.

그리고 마지막으로 자기가 맡은 바의 역할을 잘하겠다는 가치관을 장착하면 되는 것입니다.

이렇게 다섯 가지를 마음 안에 가치관으로 장착하는 것이 수심의 시작입니다. 이 5가지 가치관에 관한 이야기는 아주 중요하기 때문에 다음에 시간을 내어 자세히 이야기 나누도록 하겠습니다.

버려야 할 가치관 3가지

그러면 버리고, 씻어내고, 정화해야 하는 것은 무엇이겠습니까?

탐진치(貪瞋痴) 3독(毒)입니다. 가장 먼저 정화하여야 할 것은 탐욕(貪慾)입니다. '지나치게 탐하는 욕심'이지요.

다 알고 계시는 이솝우화 '욕심 많은 개' 아시지요?

옛날에 욕심이 아주 많은 개가 있었습니다. 시골 장터를 지나다가 땅에 떨어진 고기를 보았습니다. 개는 신이 나서 고기를 물고 달리다가 다리 위를 지나게 되었습니다. 다리 위에서 아래를 내려다보니 어떤 개가 입에 커다란 고깃덩어리를 물고 있는 것이었습니다.

'아, 저기에도 고기를 물고 가는 개가 있구나. 저것을 빼앗으면 오늘 저녁거리는 충분하겠는걸. 한번 소리를 질러서 겁을 준 다음 고기를 빼앗아야지.' 욕심 많은 개는 이런 생각을 하고는 바로 행동으로 옮겼습니다.

그리고는 입을 벌려 "멍멍" 짖었지요.

그 순간 어떻게 되었을까요? 입에 물고 있던 고기가 텀벙하고 물속에 빠져 버렸습니다. 조금 후 다시 물은 맑아지고 거기 있던 개의 모습도 나타났습니다. 그러나 그 개도 역시 고기는 물고 있지 않았습니다.

이런 경우를 우리는 많이 보게 됩니다.

조그마한 가게에서 장사가 잘 되던 사람이 욕심 때문에 가게를 무리하게 확장한 후에 장사가 안돼 망하는 것을 보게 됩니다.

탐욕심은 처음엔 많은 것을 얻는 듯하나 결국은 내가 지금까지 이루어놓은 것조차 모두 날려 버릴 수 있습니다. 내 속에 탐욕이 많다면 깜짝 놀라면서 얼른 정화할 생각을 해야 합니다.

그다음으로 정화해야 할 것은 무엇일까요?

분노, 진심(瞋心)입니다. 자기 마음에 맞지 않는 경계에 대하여 반발하고 미워하거나 분하게 여겨 몸과 마음이 편안치 않은 심리작용입니다. 마음속의 진심, 화내고 울끈불끈하는 마음은 신속히 정화해야 합니다.

허드슨 강변의 결투

제퍼슨 때의 이야기니 200년 전 이야기입니다. 미국 뉴욕 주지사 선거를 바로 앞두고 벌어진 일이었습니다.

해밀턴은 평소처럼 버에 대해서 '위험한 인간, 정권을 맡겨서는 안 되는 인물'이라고 표현했고 이를 신문 보도로 접한 버는 해밀턴에게 즉각적인 사과를 요구했습니다.

하지만 해밀턴은 버가 원하는 대로 하지 않았습니다. 결국 화가 난 버는, 해밀턴에게 결투를 신청하고 역사적인 결투가 시작되었습니다.

현대에 이런 결투를 했다가는 살인, 폭행죄가 적용될 수도 있는 일이지만 그 당시에는 이런 식의 결투는 사나이라면 당연히 할 수 있는 흔한 일이었습니다.

뉴욕 주는 결투를 금지했기 때문에, 강 건너 뉴저지 주 허드슨 강변에서 1804년 7월 11일 결투가 벌어졌습니다. 버의 총탄은 해밀턴의 오른쪽 골반을 뚫어 척추에 박혔고 결국 해밀턴은 결투 다음 날, 그 후유증으로 사망했습니다. 버는 쓰러진 해밀턴을 내려다본 후 결투장을 그냥 빠져나갔다는 후문이 파다하게 돌았습니다.

그 후, 버는 안 좋은 이미지로 굳어졌고 살인 혐의로 쫓기는 신세가 되었습니다. 제퍼슨의 미움까지 받아 유럽을 떠돌다 오랜 시간이 지난 후, 미국으로 돌아올 수 있었습니다. 누구에게 도움이 되었을까요?

화를 참지 못해 총을 쏘아 사람을 죽이고 자신의 정치인생도 끝장이 났지요. 이것은 진심(瞋心)이기도 하지만 사실 어리석은 마음입니다. 상대만 죽이는 것이 아니라 그 일로 내 인생도 끝장나고 맙니다. 어리석은 마음을 어떻게든 개선하고 정화해야 합니다.

알고 보면 위에서 말한 2가지 이야기는 결국 어리석음에서 비롯된 것이라 할 수 있습니다. 어리석음으로 분별없이 욕심을 부리다 자기 고기마저 놓쳤고 어리석음으로 분노를 참지 못해 상대를 죽이고 나를 망친 것이지요. 그래서 가장 먼저, 가장 많이 정화해야 할 것은 사실 어리석음, 치심(痴心)입니다.

그래서 우리가 이런 어리석음에 덜 빠지며 살아가려고 다 알고 있는 사실이라도 강의를 듣고, 책을 읽고, 공부하면서 지혜를 다져나가는 것이지요.

마무리와 3행시

욕심이 나고 화가 날 때 바로 행동으로 옮기면 안 됩니다. 실행하기 전에 이것이 어리석음은 아닌지 돌아보아야 합니다. 돌아볼 줄 아는 지혜를 키우는 것이 수심이고 마음 관리입니다.

우리 모두 수심을 잘해서 함께 진정으로 행복하고 즐거운 인생을 살아가리라. 하는 마음이 현실에 투영되시기 바랍니다. 수심 잘하셔서 짧은 인생, 건강하고 즐겁고 행복하시기를 거듭 기원합니다.

오늘 마무리는 '탐진치'로 하겠습니다.

탐 : 탐진치 3독을 마음에서 정화하고 행복의 5대 원리를
　　마음에 장착하는 것이 수심입니다.
진 : 진심(瞋心), 성내는 마음은 나를 병들게 하고 상대를
　　망가뜨립니다.
치 : 치심(痴心), 어리석은 마음을 없애면 욕심내고 화낼 일이
　　없으니 행복은 언제나 나와 함께 할 수 있습니다.

고맙습니다. 사랑합니다. 축복합니다. 행복하세요.

행복마중물

깊이 숨어버린
행복을 끌어 올리기 위해
마음에 부어주는
한 바가지의 물

이것이
행복마중물이다.

나에게
행복마중물이
한 바가지라도 남아 있을까?

박박 긁어내어
없을 것 같지만

잘 찾아보면
사실 행복마중물이
그득 넘치고 있다.

넘치는
행복마중물로

넘치는 행복을
마음껏 누려보자.

19강 10대 행복마중물
행복 아이템 10가지 장만해두기

1년을 보내며

힘들고 지루하던 1년이 내일이면 역사 속으로 사라집니다. 아무리 어렵고 힘들어도 무심한 시간은 그것을 역사 속으로 보내 주니 얼마나 다행인지요. 그래서 내년은 더욱더 큰 꿈과 희망으로 넘치는 한 해가 되시기를 기원하면서 행복 강사 정덕모 인사드립니다.

지난 이야기

지난 시간에는 '수심'에 대한 이야기를 나누었습니다.

수심이란, '5가지 행복원리를 의식공간에 장착하고 탐진치 3독을 제거하는 것'이라고 했습니다.

행복의 5대 원리는 무엇이었나요? 내가 세상의 주인이라는 정체관, 우리 모두의 행복을 위해 살아가리라. 하는 대원관, 마음 천국을 만드는 수심관, 관계 천국을 만드는 화합관, 자기 역할을 잘해 나가자 하는 역할관인 작선이었습니다.

제거해야 할 3독은 탐진치 3독이었지요. 욕심내고 화내고 어리석은 3가지 마음, 그중 언제나 먼저 제거해야 하는 것은 어리석음입니다. 어리석음을 제거하기 위해서 우리가 이렇게 강의도 듣고 책을 읽으며 지혜를 키워나가는 것이겠지요. 어리석음만 제거하면 모두의 삶이 더욱더 즐겁고 행복해지리라 믿어집니다.

행복 아이템 10가지 장만하기

오늘은 특별히 지난번에 못다 한 행복에 대한 이야기를 하나 더 나누겠습니다.

여러분, 지금쯤은 행복 창고가 마음 공간에 한 채씩은 다 있으시지요? 그 크기는 각자 다를 수 있지만, 우리가 이렇게 행복 창고를 마음에 들여놓으니, 그 안에 뭔가 재료가 있어야 행복이 고갈됐다고 느껴질 때, 훨씬 행복 요리를 만들기가 수월하겠지요?

왠지 오늘은 행복이 나를 멀리 떠나 있는 것 같아 힘이 들고, 뭔가 걸리는 것이 있어서 기분이 가라앉을 때가 있습니다. 그럴 때 행복 창고를 열어서 행복 재료들을 꺼내놓고 행복 요리를 해보는 것입니다.

그 요리의 맛을 다시 한번 보면서, 찌뿌둥한 마음에서 벗어나 보는 것은 참 지혜로운 생각이지요.

그래서 이번 시간에는 행복 재료인 행복마중물을, 행복 창고에 장만해놓자 하는 이야기를 드리려고 합니다.

우리의 마음이 부처님이나 예수님처럼 텅 비어 아무것에도 걸림이 없을 때까지는 이렇게 매일 행복마중물을 장만해보며 마음 관리를 해나가야, 행복이 오래 나와 함께 할 것입니다.

오늘 주제는 '행복마중물 10가지 장만하기'입니다.

행복마중물이란,

'10대 행복마중물'이란, '내 속에 이미 저장된 행복 중에서, 현재를 가장 행복하게 해 줄 수 있는 것 10가지를 바가지에 담아 행복마중물로 사용할 수 있게 해보자.'하는 것입니다.

펌프로 물을 끌어 올리려면 펌프 속에 물을 한 바가지 부어주고 펌프질을 시작해야 하는데 부어주는 그 물을 마중물이라고 합니다. 그러니까 끌어올리는 물을 행복마중물이라고 하는 것입니다.

그것은 과학이지요. 사실 행복해지는 것도 과학입니다. 원인을 제공해야 항상 결과가 나오게 되어 있으니까요.

행복감이 잘 안 올라올 때 마중물을 부어주면 물이 끌려오듯이 행복의 기운이 확 올라오게 해주는 것입니다. 그 행복의 조건이 되는 것들이 바로 행복마중물이지요. 찾아보면 무수하고 다양한 것들이 행복마중물이 될 수 있습니다.

그러나 그런 생각을 하지 못하면 나의 행복을 끌어내 주는 것이 없는 줄 알고 살게 될 수도 있습니다. 그래서 평소에 마음을 행복하게 해주는 것들을 행복 창고에서 찾아보아 10가지 정도를 기본적인 행복마중물로 장만해두는 것입니다.

10대 행복마중물의 필요성 1

행복마중물을 장만해두는 것이 어째서 좋을까요?

만일 그런 것을 장만해 두지 않고 살고 있는 사람에게 "요즘 어떠세요." 하고 물으면 바로 "별로예요, 죽겠어요." 하는 부정적인 에너지로 답을 할 수 있습니다. 그런 나쁜 버릇이 붙게 되면 잘 고쳐지지 않고 '별로 에너지'가 작용하여 일상에서 신나는 일도 잘 되는 일도 없게 만듭니다.

그런데 평소에 10대 행복마중물과 같은 행복 조건들을 자신의 의식 속에 장만해 두고 살아간다면, 누군가가 나에게 "요즘 어떠세요." 하고 물을 때, 바로 긍정적인 에너지로 "행복합니다."는 말이 나오게 될 것입니다.

10대 행복마중물과 같은 것을 평소에 준비해서 가지고 있게 되면, 시큰 둥이나, 별로예요. 가 뒷전으로 물러나게 됩니다. 유비무환(有備無患)이 되는 것이지요.

10대 행복마중물의 필요성 2

스승님께서는 문득문득 사람들에게 "어떠세요?" 하고 묻곤 하십니다. 그러면 무조건 "행복합니다." 하는 대답이 나와야 합니다.

그런데 "행복합니다." 하고 대답을 하면 또 "무엇으로 행복합니까?" 하고 물으십니다. 무엇으로 행복한가에 깨어있으라는 것입니다.

"무엇으로 행복하십니까?" 하고 묻게 되면, 자연히 자기 자신의 행복에 더 관심을 가지면서 "음~~ 나는 이러이러해서 행복합니다. 저러저러해서 행복합니다." 하게 됩니다.

그렇게 이러저러해서 행복하다고 답을 하면서 '행복을 위한 연습과 다짐을 하게 되는 것'이지요. 세상을 살아가려면 해야 할 일이 얼마나 많고 또 복잡합니까?

그러나 아무리 할 일이 많고 복잡하더라도 행복마중물을 장만해 놓으면 같은 삶을 살아도 더욱 행복해집니다. 그래서 행복을 원하는 사람이라면, 마음공부 차원에서 '10대 행복마중물'은 수시로 장만하며 사는 것이 대단히 중요한 것입니다.

10대 행복마중물 만드는 방법

여러분 "요즘 어떠세요? 행복하십니까?" "예, 행복합니다." 하고 대답하실 수 있겠지요? "그렇다면 무엇으로 행복하세요?" 하는 그 무엇 10가지를 미리 장만해 보면 됩니다.

10대 행복마중물을 할 수만 있다면 자주 생각하여 써서 정리해보는 게 좋습니다. 어제 행복마중물 나누기를 하고 오늘 다시 하게 되면 비슷할지는 몰라도 같지가 않을 수 있거든요. 우리들의 의식 세계는 늘 변화하고, 퇴행성장하며 움직입니다.

우리의 의식이 한 번으로 딱 고정된다면, 어제 나온 답이 오늘도 그대로 나올 터인데 그렇지가 않습니다. 그래도 마중물을 자꾸 생각하고 기록하다 보면 중요한 것들이 점점 고정되게 됩니다. 그렇게 고정된 것 10가지 정도를 장만해 두는 것입니다.

그러면, 행복마중물을 만드는 쉬운 방법을 소개해 볼까요?

먼저 행복 공책이나 A4용지를 준비하세요. 공책이 부담되면 스마트폰에서 나와의 채팅창에다 기록해 놓아도 좋겠습니다. 어디에든 요즘 내가 행복하다고 느끼는 일들을 적어둡니다.

그리고 행복론 3가지를 떠올려 거기에서도 찾아봅니다. 또 지금 구현해 나가고 있는 일에서 행복마중물을 찾아봅니다. 지족 행복론에서는 이미 이루어져 있는 것들에서 행복마중물을 찾아내어 봅니다. 당연히 초월행복론에서도 찾아보는 것이지요.

그리고 그 찾아낸 행복마중물들을 모두 기록해봅니다. 그냥 메모 하듯이 틈나는 대로 써보세요. 특히 새해를 맞이하기 전과 같이 특별한 일이 있을 때 해보면 참 좋습니다. 꼭 그렇게 해보세요. 물론 마중물은 10개가 넘어도 괜찮습니다.

짜증이 잘 나거나, 행복감이 잘 안 올라오는 사람은 내가 잘 볼 수 있는 곳에 써서 붙여놓으세요. 내가 지금 처해있는, 가라앉은 마음의 상태에 따라, 필요한 것을 꺼내어 행복을 충전하고 즐기며 마음 상태를 올려보는 것이지요.

그런데 여기서 조심할 것은 그것을 보다가 과거에 빠지시면 안 됩니다. 자칫 '아 그때가 좋았어.'에 잠겨 현재가 과거에 묻히면 안 된다는 것이지요. 나에게 존재하는 것은 현재 이 순간밖에 없습니다.

'과거의 나는 이미 지나갔으니 없고, 미래의 나는 아직 오지 않았으니 없다.'

현재 행복을 더욱더 크게 느끼고 즐기기 위해 마중물을 쓰는 것이지, 과거를 바라보며 추억을 즐기고 현재를 한탄하는 데 마중물을 쓴다면, 그 마중물은 다 버려야 합니다.

그렇게 마음공부가 조금 되면 점차 지족 행복론과 초월 행복론에서 마중물을 찾게 됩니다. 지족 행복론에서는 마중물을 찾기가 쉬우나, 초월 행복론에서 행복마중물을 찾기가 조금 어려울 수도 있습니다.

그러나 자꾸 생각을 하다 보면 행복마중물이 자연히 떠오릅니다.

행복마중물의 예

행복마중물에는 어떤 것이 있을지 한 번 생각해 볼까요?

어떤 분은 '외동딸'만 생각하면 그냥 행복해진다는 사람도 있습니다. 딸이 단연 첫 번째 행복마중물이라고 했습니다.

또 어떤 사람은 평생 열심히 일해서 통장에 돈을 모아두었답니다. 그 통장에 있는 돈을 떠올리면 행복하다고 합니다. 이처럼 행복마중물은 사람마다 다릅니다.

첫 번째 구현 행복론에서는 내가 노력해서 이루려는 것들을 찾는 것입니다. 적금통장에 쌓여가는 돈, 집 장만의 꿈, 다이어트 목적을 이루어가고 있는 즐거움 등이 있지요.

두 번째는 지족 행복론에서는 좋은 부모 만난 것 가족이 있는 것 굶을 걱정 없이 태어난 것 자녀가 생긴 것 등 내가 크게 힘들이지 않았는데도 이미 주어진 것들을 찾아봅니다.

그리고 노력해서 얻은 것들에서도 찾을 수 있습니다. 입학시험에 합격했을 때의 세상을 다 가진 듯 했던 기쁨, 첫 데이트의 즐거움, 신혼여행의 행복함, 첫 번째 내 집 장만하고 이사한 날 등.

세 번째는 초월 행복론에서 찾아보는 것입니다. 초월 행복론에서는 무엇을 찾을지 막연할 수도 있으니, 스승님의 행복마중물을 소개해드리도록 하겠습니다.

스승님의 10대 행복마중물

스승님의 행복마중물 1호는 '그냥 있는다.'입니다. 아무 마음 없이 그저 가만히 숨을 쉬며 숨 쉬고 있는 나를 바라보고, 몸의 느낌과 의식을 느껴보는 것이지요. '그냥 있는다.' 하면 할수록 무한 우주가 그냥 행복 해탈 덩어리가 됩니다. 이것은 말만 그런 것이 아니고 사실이 그렇습니다.

행복마을에서는 이것을 고급과정으로 진행하고 그 과정 후에는, 매일 명상록을 올립니다. '그냥 있음이 무한 오케이'인 상태, 깨달은 이들의 행복마중물 1호입니다.

행복마중물 2호는 '이대로 구천조 부자다.'입니다.

구천조 부자, 농담으로 들릴지 모르겠는데 실제로 양보해서 구천조입니다. 조(兆)라는 단위도 까마득한 숫자인데, '경' 까지 가면 너무 추상적으로 들릴 것 같아 조로 끌어내린 것입니다.

생각할수록 이 혼이 신비하기 그지없습니다.

"여보시오!"하고 부르면 "예!" 하면서 대답할 줄 아는 그 주인공인 혼, 물론 이 주인공은 몸속에 있는 보이지 않는 존재입니다.

그러나 기능은 하고 있지 않습니까? 기능을 하는 그 혼을 떠올리게 되면 기가 막힌 것입니다. '야!!! 참으로 신비하도다.'

도대체 이 무심한 우주가 어찌 작용을 해서 이 몸뚱이가 만들어지고, 이 몸뚱이 속에 "아무개야" 하면 "예~!"하고 대답하는 '이 의식, 이 혼, 이 마음이 있게 되었는고.'하고 생각만 하면 참으로 기막히게 신비롭고 감동적인 일이지요!

그 혼에다 값을 붙이려 하니 스승님께서는 열 번 양보해서 삼천조로 붙여놓으신 것입니다. 이렇게 마음 하나가 있다는 것으로 나는 삼천조 부자입니다. 이것은 삼천조가 아니라 사실은 무한보(無限寶)이지요.

그 다음에, 이 혼이 무대로 여기고 있는 이 몸은, 어떻습니까? 양보해서 삼천조입니다. 그리고 혼과 몸을 가지고 이 세상을 경험하게 됩니다.

내가 경험한 그 삶들은 얼마나 소중한 가치가 있습니까? 양보해서 3천조이지요. 이런식으로 자신을 가만히 생각해보면 그 긍정성과 감사함이 끝이 없습니다.

그리고 3호는 가치관 체계들이라고 하셨습니다. 우리가 지금까지 공부한 정체-대원-수심-화합-작선(역할) 등, 이 가치관 체계를 정립한 것이 행복마중물이라고 하셨습니다.

4호는 무한정체성(無限正體性)'입니다.

무한정체성이란 '나'라고 하는 이 존재는 이렇게 몸뚱이를 따라 달랑 경계 지어진 조그만 유한적 존재가 아니라, 잘 탐색해보면 '무한'이라는 뜻입니다. 왜 무한인지는 각자 시간을 가지고 사유해보시기 바랍니다.

이제 행복마중물을 어떻게 장만해야 할지 감이 잡히시지요?

언제나 행복할 수 있도록, 우리가 삶 속에서 가끔 우울과 불만과 불행이라는 생각 속으로 빠지려 할 때 그동안 장만해 놓은 행복마중물들을 꺼내어 새로운 힘과 활력을 끌어올리시면 되겠습니다.

마무리와 3행시

제가 하는 행복마중물 1호는 그냥 잔다 입니다. 일단 마음이 복잡하고 힘들 때 잠을 잡니다. 그리고 2호는 나는 세상의 주인이다를 외치는 것입니다. 세상의 주인인 나는 행복하다. 행복하다. 행복하다를 외친 후에, 3호 산책을 나갑니다.

그리고 4호는 눈에 보이는 모든 것은 모두 내 것이다라고 합니다.

온 세상의 공기와 나무와 바람과 구름이 다 내 것이야. 내가 밟고 지나가는 길도 다 내 것이야. 이것들의 주인이 나라고 선포를 하는 것입니다. 이렇게 하다 보면 마음이 뿌듯해지고, 행복이 빵빵하게 차오릅니다. 부족하다고 여겨졌던 마음이 싹 사라지고 평온함과 행복감이 밀려옵니다.

이렇게 10대 행복마중물을 평소에 장만해 두시고, 그것을 자주 마음으로 느끼며 가까운 이들과 나누시기 바랍니다.

10대 '행복마중물'이라는 이 주제가, 여러분들의 행복에 도움이 되셨으면 좋겠습니다.

오늘은 '마중물' 3행시로 마치겠습니다.

마 : 마중물은 우리 속에 있는 행복의 마음을 끌어내
　　 주는 역할을 합니다.
중 : 중요한 삶의 순간에 마음이 가라앉아 자신감을
　　 잃어버리려 할 때
물 : 물을 부어 행복감을 끌어올려 보세요.
　　 행복이 내 손을 다시 잡고 힘차게 달려줄 것입니다.

고맙습니다. 사랑합니다. 축복합니다. 행복합니다.

삶의 5대 원리

원리를 아는 것과
모르는 것은
어떤 차이가 있을까?

삶의 가치관이 정립된 사람과
가치관이 무엇인지
모르는 사람은
그 삶의 모습에 어떤 차이가 있을까?

인생의 목적이 행복이라면
행복으로 가는 지름길은

정체, 대원, 수심, 화합, 작선
이라는 가치관을 장착하는 것이다.
이것이 삶의 5대 원리이다.

삶의 5대 원리를 장착하고
행복의 지름길로
여행을 떠나보자.

20강 삶의 5대 원리
행복한 삶을 위한 5가지 원리

지난 시간 이야기

"괴로운 현실은 없다. 다만 괴롭다는 내 생각이 있을 뿐, 현실을 괴로움이라고 해석하지 말고 현실 자체를 있는 그대로 바라보기만 하라." 하는 글귀를 보니 마음이 편안해집니다.

지난번 주제가 행복마중물이었는데 이 글도 행복마중물이 됩니다. 행복마중물 몇 개라도 장만해보셨나요?

행복마중물이 많은 사람에게 행복이 더욱 많이 찾아옵니다. 행복마중물을 장만 못 하신 분은 오늘은 몇 개라도 장만해 보세요. 무엇을 생각하면 내가 행복해지는지 매일 한가지씩만 생각하고 써봐도 10일만 지나면 10개가 되겠지요. 이참에 행복 공책 하나 마련하셔서 매일 한 개씩만 일단 써보세요. 삶이 훨씬 신나고 행복해질 것입니다.

삶의 5대 원리

오늘은 우리가 평생 삶의 나침반으로 여기고 살아가면 좋을, '삶의 5대 원리'에 대해서 이야기 나누도록 하겠습니다. 다른 말로는 '이상 공동체 5요'라고도 부릅니다. 지난번에 수심론에서는 행복의 5대 원리라고도 말씀드렸지요.

모두 같은 말입니다. 이것은 살아가면서 우리가 마음의 등대로 삼아야하는 중요한 가치관이므로, 다섯 번으로 나눠 이야기했습니다.

화삼요, 정체관, 대원관, 수심관, 오늘 이야기 나눌 총정리 '삶의 5대 원리'입니다. 5대 원리 중에 이야기하지 않은 것은 다섯 번째인 작선이 있습니다.

'작선(作善)'은, 지을 작, 선할 선으로 '선한 일을 만들어 한다'는 뜻입니다. 역할보다는 큰 뜻을 품고 있는 말인 작선은 우리가 나의 역할을 어떻게 할 것이냐? 를 정의 내린 가치관입니다.

작선이 다른 4개 단어와 서로 잘 어울리므로 이제부터 정체(正體), 대원(大願), 수심(修心), 화합(和合), 작선(作善)으로 삶의 5대 원리에 대해 이야기를 나누도록 하겠습니다.

행복마을 수련역사는 2021년 현재 42년째인데, 21년 전에 모든 수련 체계를 정체(正體). 대원(大願), 수심(修心), 화합(和合), 작선(作善)이라는 다섯 개의 덕목(德目)으로 정리하셨습니다.

알고 보면 우리는 둘만 모이면 공동체가 됩니다. 그래서 우리 모두의 행복이라는 뿌리에서 이 다섯 원리가 만들어졌고 수련으로 진행이 되었습니다. '이상 공동체'를 행복하게 꾸려나가는 방법을 일목요연하게 정리해 일러주신 것이지요.

이런 귀한 말씀을 전할 수 있게 가르침을 주신 스승님께 무한한 감사를 올리고, 지금 이 책을 읽고 계시는 소중한 님들께도 고개 숙여 감사드립니다.

행복마을에서 수련을 진행하면서 인생은 이 5개 범주를 넘어서지 않는다는 것이 확인되고 받아들여지고 있습니다.

이 시간에는 이 5가지의 개념을 한 번 더 정리해보고, 작선에 대한 내용도 살펴보도록 하겠습니다. 그리고 기회가 되신다면 함양 행복마을 동사섭 수련에 참석하셔서 이 5대 원리를 구체적으로 배우고 익히신다면, 아마도 훗날 "그 수련은 내 인생에서 횡재적인 사건이었다."하고 돌아보시게 될 것입니다.

이러한 가치관을 마음에 장착하고 사는 사람과 그렇지 않은 사람은그 삶의 방식과 행복의 깊이가 달라지겠지요? 이런 가치관을 장착하고 살면, 우선 삶의 방향이 명확하니 어떤 일에도 흔들림이 없습니다.

다음은 우리 모두의 행복을 위하여 살게 되니 다툴 일이 없게 됩니다. 매사가 즐겁고, 감사하겠지요. 그렇게 되면 일이 술술 잘 풀릴 수밖에 없습니다. 설령 일이 잘 안 풀린다 해도, 지금 내가 어떤 욕심을 내고 있지는 않나 살펴보는 여유를 가질 수도 있습니다.

정체(正體)와 대원(大願)

먼저 정체와 대원에 대해서 다시 정리해보겠습니다.

우주의 한 센터에 무엇이 있습니까? 바로 '내'가 있습니다.

5대 원리 중에서 가장 첫 번째는 나의 문제입니다. 이 '나'에 대한 관점(觀點)을 보다 높은 차원으로 끌어올려 나의 인생을 제대로 살 것이냐, 말 것이냐를 정하는 것입니다.

나에 대한 관점을 아주 취약하게, 낮은 상태로 정해 놓으면 열등감에 빠져, 나는 용(龍)인데 실뱀 탈을 쓰고서 '나는 실뱀이야, 실뱀이야.' 하고 사는 것과 같은 상황이 됩니다. 그렇기 때문에 '나란 무엇이냐'에 대한 답을 제대로 할 필요가 있습니다.

먼저 내가 이 세상의 주인이다. 하는 주인 정신을 갖는 것이지요.

다음은, 나에 대한 긍정적 정체관을 가져야 한다는 것입니다. "나 이만하면 괜찮아, 이만하면 나 훌륭해, 이만하면 멋져." 이렇게 자신에 대해 자존감과 자부심을 느끼는 것입니다. '아하, 정체관(正體觀)을 주인 정신으로 긍정적으로 정립할 필요가 있겠구나.' 하는 생각에 머무시면 됩니다.

5대 원리 두 번째는 대원(大願)입니다. 세상의 주인이고 긍정감이 넘치는 내가, 이 세상을 천국으로 만들리라 하는 대원관을 갖는 것 입니다. 우주의 한 센터에 있는 이 '내가' 어디를 향해 나아가야 하겠느냐, 하는 것입니다.

'나'라고 하는 이 존재는 하나의 생명체입니다. 항상 움직이면서 이쪽에서 저쪽을 향해 가는 존재입니다. 좀 더 행복해지기 위해 오늘도 밤낮으로 애쓰고 있습니다. '나'는 언제나 행복을 향하여 가고 있는 것입니다. 그것을 생각하면 할수록 우리는 우리 모두의 행복을 꿈꾸어야 합니다.

우주의 센터에 있는, '내'가 우리 모두의 행복을 위해 살아가는 큰 꿈, 대원관을 갖고 살아가는 것입니다.

행복으로 가기 위한 구체적인 방법 3

지금 이야기한 정체(正體)와 대원(大願)은 가치관의 체(體)이고, '내'가 우리 모두의 행복을 향하여 나아가기 위한 구체적인 방법은 용(用)입니다. 용에는 수심(修心), 화합(和合), 작선(作善)의 3가지가 있습니다.

결국은 정체, 대원, 수심, 화합, 작선이라는 이 다섯 가지가 어우러져서 삶의 5대 원리, 이상 공동체 5요가 되는 것입니다.

다시 한번 생각해 봅니다. 우리 모두의 행복을 위해서(대원) 내가 할 일(정체)은 무엇일까요? 해야 할 일은 3가지입니다. 이 3가지는 시간상으로는 동시적입니다.

나부터 행복하기, 수심(修心)

그러나 논리적인 순서로 본다면, 첫 번째, 나부터 행복해야 합니다.

우리 모두의 행복을 유념해야 하는데 스스로가 불행하다고 하면 '내 코가 석 자인데' 하는 마음이 들어 아무것도 할 수가 없습니다.

동굴 안에 함께 빠져있으면, 다른 사람을 구해내기가 어렵습니다. 밖에 있어야 쉽겠지요. 내가 행복해야 행복의 언덕으로 데리고 나올 수가 있다는 말입니다.

그래서, 용(用) 차원에서 해야 할 일 1번은, 내가 행복해야 한다는 것입니다. 내가 행복해지려면 수심(修心)을 해야 합니다. 마음을 닦아야지요. 마음을 닦아서 마음 천국을 만드는 것입니다.

일단 수심을 잘하려면 어떻게 하면 될까요? 행복에 도움이 되는 마음은 내 의식공간에 장착하고, 행복에 방해가 되는 마음은 쓸고, 닦고, 씻고, 정화하는 것입니다.

정화해야 할 것은 탐진치(貪瞋痴) 3독(毒)입니다. 지나친 욕심을 내고, 툭하면 화를 내고, 이런 짓을 대수롭지 않게 생각하는 어리석음을 싹 제거해버리는 것, 그것이 수심(修心)입니다.

관계 천국 만들기 화합(和合)

그다음에 또 무엇을 해야 되겠습니까?

옆을 보니 가족 이웃 지역사회가 있고 나라의 국민이 있고 전 인류가 있습니다. 이웃과 내가 불편한 사이라고 하면 대내적으로 도저히 행복할 수가 없고 항상 '불'자가 붙습니다. 불안, 불만, 불평, 불행 대외적으로는 이것은 늘 잠재(潛在)적 전쟁 상태라고 할 수 있습니다.

그래서 두 번째로 유념해야 하는 것은 관계 천국을 만드는 것입니다. 관계 천국을 위해서 내가 해야 할 일은 화합입니다.

화합이란 우호감의 총화이지요.

우호감의 총화란 벗으로서의 호감을 가지고 서로 간의 마음이나 뜻을 모아 화목하게 어울리는 것입니다. 모두의 행복을 위해서 내가 해야 할 일은 화합입니다.

그런데 화합의 필요성을 느껴야 화합을 하게 됩니다. 화합을 잘하면 평화와 즐거움이 넘치게 되고, 화합을 못 하면 비난과 불평불만이 많아진다. 이 정도는 알고 느껴야 합니다.

그런데 이런 화합의 필요성을 깊게 느끼고 이렇게 공부까지 하게 되면 화합을 잘하게 되는데 대충 느끼면 잘 하지 않습니다. 또 우호감이 없어도 화합을 잘하지 않습니다. 그래서 지혜로운 리더라면 서로 간에 화합의 필요성과 우호감을 키워서 화합을 잘 할 수 있도록, 다양한 계기와 장을 마련해줄 줄 아는 것이 중요합니다.

지난번 '화삼요'공부한 것 기억나시지요? 우호감이 높아지려면 내가 상대나 대상을 예쁘게 보면 됩니다.

그래서 첫째는, 보는 눈을 바르게 하는 것입니다. 보는 눈을 바르게 하면, 상대나 대상이 존재의 소중함 그대로 예쁘게 보입니다.

다음은 내 마음을 다정하게 쓰고 내 겉모습도 깨끗하게 해서, 상대방 속에서 나에 대한 우호감이 높아지게 하는 것이었습니다. 그것이 바로, 두 번째 보이는 모습을 바르게 한다. 입니다.

그러나 이 두 가지로도 화합이 안 된다면 상대와의 소통과 대화가 필요하게 됩니다. 이것이 세 번째, '교류를 잘한다.' 입니다. 상대방과 내가 만나서 서로의 속 이야기를 하는 것이지요. 함께 먹고, 놀고, 뒹굴고, 도움을 받으며, 교류를 하는 것입니다.

교류를 하다 보면 오해는 풀리고 이해가 되고 정이 들며 친해집니다. 그래서 화합을 잘하려면 '화삼요'가 최고의 방편입니다. 모두의 행복을 위해서, 우선 수심 잘해서 나의 마음을 천국으로 만들고, 다음으로는 화합 잘해서 관계의 천국을 만드는 것입니다.

이제 한 가지가 남았습니다.

작선(역할) 잘하기

그리고 끝으로 무엇을 해야 되겠습니까? 작선(作善)입니다. 바람직한 행동, 내가 해야 할 역할을 잘하는 것입니다.

역할을 소임이라고도 하는데 소임(所任)에는 내가 하지 않으면 안 될 소임과, 하면 좋은 소임 두 가지가 있습니다.

내가 하지 않으면 안 될 일은 어떤 것이 있을까요?

먼저 인간으로 태어난 인간의 소임을 다하는 것입니다. 인간의 소임은 무엇일까요? 우리 모두의 행복을 위하여 살아가야 한다는 것입니다. 여기서 우리 모두의 행복은 인간만을 말하는 것이 아니라 유형무형(有形無形), 유정무정(有情無情) 모든 존재들의 행복까지도 말합니다.

이 시대에 인간만이 할 수 있는 최선의 인간 소임이 무엇일까요? 첫 번째는 자연환경이 더 이상 나빠지지 않도록 돌보는 것입니다. 환경을 오염시킨 것도 인간이지만, 오염을 막을 수 있는 것도 인간밖에 없습니다. 세상의 주인인 우리가 꼭 해야 할 일은 환경오염을 더이상 확산시키지 않는 것입니다. 안 그러면 결국 우리가 자멸할 수밖에 없습니다.

두 번째로 해야 할 일은 우리가 비록 살아가기 위해 동물의 고기를 먹는다 하더라도 그 동물이 살아있는 동안에, 최소한의 행복이라도 누릴 수 있는 생존환경은 만들어주며 사육하는 일입니다. 이것도 인간만이 할 수 있지 않겠습니까?

세 번째는 부모가 되고 안 되고는 이제 선택인 시대가 되었지만, 부모가 되었다면 부모의 소임은 적어도 자식이 만 18세가 될 때까지는 반드시 해야 한다는 것입니다.

네 번째는 결혼을 하면 서로의 행복을 위해 노력을 해야 합니다. 거기엔 가족의 생존을 위해 하는 경제활동까지 포함합니다.

그리고 살아가는 동안에, 나와 너의 행복을 위해 마음공부를 하는 일, 이 5가지는 인간인 내가 하지 않으면 안 될 일입니다.

하지 않으면 안 되는 일도 시간이 날 때마다 사유해보신다면, 행복을 위해 해야 할 일을 더 많이 발견하시게 될 것입니다.

그리고 하면 좋은 일이라는 것은 어떤 것이 있을까요? 맡은 역할, 맡겨진 역할을 잘하는 것이지요. 부모는 부모의 역할을 잘하고, 사장은 사장의 역할을 잘하고, 농부는 농부 역할을 잘하는 것입니다. 각자 주어진 역할을 잘해나가는 것입니다. 수많은 역할의 총화가 세상살이입니다.

곳곳에서 자기가 맡은 바의 역할들을 착착 잘 해낸다면 어떻겠습니까? 그런 세상이 바로 이상 공동체입니다.

어떤 가치관으로 살아가야 한다구요? 네 맞습니다. 삶의 5대 원리이지요. 정체, 대원, 수심, 화합, 작선으로 살아가는 것입니다. 어디를 가든지 그곳에 들어가기 전에 이렇게 확언을 합니다.

"이곳의 주인인 나는 우리 모두의 행복을 위하여 수심하고 화합하고 작선하여 세상 천국 이루리라!"

"이 장의 주인인 나는, 우리 구성원 모두 행복을 위하여 수심 잘하여 마음 천국 이루고, 화합 잘하여 관계 천국 이루며, 작선 잘하여 세상 천국 이루겠습니다."

눈이 온 날은 언덕길을 다니는 차가 매우 위험하지요. 언덕이 많은 성북구에서는 세계 최초로 도로 밑에다 전기장판을 설치한 것입니다. 온도가 영상 3도로 내려가면 불이 들어오는 것이지요.

그래서 눈이 쌓일 사이가 없이 녹아서 안전하게 차가 다닐 수 있게 했다는 것입니다. 작선을 잘하는 사람은 이렇게 많은 사람에게 감동을 주고 편리함을 선물합니다. 작선의 참 좋은 이야기입니다.

마무리와 삼행시

기전향처럼 몸짓으로 '오요명상'을 해보겠습니다.

(가슴을 향해서 두 손을 모으며)
"세상의 주인인 나는"
(그리고 두 팔로 둥글게 원을 그립니다.)
"우리 모두의 행복을 위하여"
(가슴 앞에서 마음을 쓰다듬듯이 두 손을 펴서 돌리며)
"수심 잘하여 마음 천국 이루고"
(손바닥이 아래로 향하고 밖으로 부드럽게 돌리며)
"화합 잘하여 관계 천국 이루고"
(두 손바닥이 위를 향하며)
"나아가 작선 잘하여 세상 천국 이룹니다."

이것이 세상에서 가장 아름다운 '오요 명상춤'입니다.

'삶의 5대 원리'가 삶의 나침반이 되시기를 기원드리며 새해 선물로 보냅니다. 내 삶의 최종도착지는 언제나 이 순간임을 잊지 마시고 '작선행'을 실천하며 살아가시길 빕니다.

오늘은 '작선행' 3행시로 마치겠습니다.

작 : 작선행이란 삶에서 착한 일을 만들어 하는 것,

　　사람의 기본을 하는 것입니다.

선 : 선한 영향력을 끼칠 수 있는 삶이,

　　의미 있고 보람 있음에 눈뜨고

행 : 행동으로 보여주는 멋진 날들 되시길 기원합니다.

고맙습니다. 사랑합니다. 축복합니다. 행복하세요.

안녕, 봄

번뇌 구조

번뇌 구조가
처음부터 있었던 것은 아니다.

있다고 여겨지는 순간
좋다, 나쁘다 하는
가치판단을 하게 되었다.

좋다고 생각되면 갖고 싶어지고
나쁘다고 생각되면
버리고 싶어진다.

갖고 싶은데 가질 수 없고
버리고 싶은데 버릴 수가 없으니
화가 난다.

화가 자꾸 일어나게 되니
만사가 불만이다.

아, 나는 되는 일이 없다.

이렇게 해서 번뇌 구조가
만들어졌다.

21강 번뇌구조(煩惱構造)
번뇌가 생겨나는 순서 알기

지난 시간 이야기

지난 시간에는 우리가 삶을 어떤 가치관을 가지고 살아가야 하느냐에 대한 해답, 삶의 5대 원리에 대한 이야기를 나누었습니다.

"세상의 주인인 나는 우리 모두의 행복을 위해 살아가리라." 하는 삶의 가치관을 확립하고, 자신의 마음을 잘 관리해서 마음 천국 만들고, 다른 사람과 화합을 잘하여 관계 천국 만들고, 주어진 역할(작선)을 잘해 세상 천국을 만들리라.

정체, 대원, 수심, 화합, 작선이라는 10글자의 삶의 지표에 대한 이야기를 나누었습니다. 삶의 자세로 이렇게 정리된 이야기를 듣게 되신 것 행운이라고 생각하시지요. 훌륭한 스승님께 공부한 저와 탁월한 선택을 하신 여러분들이 만났으니 이런 좋은 일이 생겼습니다.

이것을 이선희의 노래처럼 '인연'이라고 하지요. 이런 좋은 인연으로 만나게 된 것을 열렬한 박수로 축하해 볼까요? 박수 "짝짝짝짝."

이렇게 작은 일에 박수치며 늘 즐겁게 사는 것이 행복의 지름길입니다.

번뇌(煩惱)

이렇게 실용적이고 멋진 삶의 가치관을 갖고 살아갈 수 있게 해주신 스승님께 감사드리며, 오늘은 우리의 욕심이 어떻게 생겨나고, 순식간에 어떻게 변해 가는지에 대한 재미있고 명쾌한 통찰을 전해드리도록 하겠습니다. 저는 이 공부를 처음 접했을 때, 얼마나 기분이 좋고 속이 확 풀리는 재미가 있었는지 모릅니다.

번뇌란 무엇입니까? 번뇌(煩惱)란, '마음과 몸을 괴롭히는 욕망이나 분노 따위의 망념' 쉽게 말해서 내 행복을 방해하는 요소들을 말하는 것이지요.

눈에 보이지는 않지만 내 행복을 방해하는 심리적인 요소가 어디든 있을 것 아니겠습니까? 그 심리적 요소는 내 행복만을 방해하는 것이 아니고 이웃과의 관계도 방해하고 급기야는 국가 간에는 전쟁까지도 벌어지게 만듭니다. 이렇게 개인과 세상을 망치는 것이 마음속에 들어 있는 번뇌입니다. 그러므로 우리는 이 번뇌에 대해서 제대로 알아야 되겠지요.

나의 행복과 우리의 평화를 가로막는 이 번뇌를 명확히 이해해야 내가 이것을 정화해낼 수가 있기 때문입니다. '적을 알아야 적을 이길 수 있다.'

그런데 이 번뇌는 묘하게 한 가족을 이루며, 동시다발적 번뇌 세트로 일어납니다. 흥미가 발동하시지요. 이 번뇌 세트를 번뇌 구조라고 합니다.

번뇌구조(煩惱構造)

이 시간 주제는 번뇌 구조(煩惱構造)입니다. 이 번뇌라고 하는 것이 어떻게 해서 생기며, 어떤 경로를 밟아서 번뇌 세트를 만들고 있는가를 살펴보도록 하겠습니다.

번뇌 구조라고 하니까 대단히 추상적이고 어려울 것 같지요? 그러나 모를 때 추상적인지 알고 보면 참으로 구체적이고 쉽습니다.

원래 우리의 본마음은 어떠할 것 같습니까? 여러분들의 원래 마음은 어떠할까요? 고요하게 텅 빈 쪽일까요? 아니면 무엇이 덕지덕지 붙어있는 쪽일까요? 그렇지요. 본래의 마음은 고요하고 텅 빈 쪽이겠지요. 쉽게 말해서 갓 태어난 어린아이의 순수한 마음이었다고 말 할 수 있습니다.

갓 태어난 어린아이는 때 묻지 않은 깨끗한 마음이라고 상상할 수 있지 않겠습니까? 그렇게 깨끗하게 태어난 마음이, 삶의 여러 과정을 거치면서 수많은 경험을 하게 됩니다. 그 경험들 속에서 덕지덕지, 뒤죽박죽 망가지게 되는 것이지요.

수심론에서 공부한, 행복을 방해하기 때문에 제거해야 할 대상이었던 탐진치(貪瞋癡) 삼독(三毒) 기억나시지요. 이것이 마음으로 들어와 자리를 잡으며 마음을 망가뜨리게 됩니다. 쉽게 말해서 번뇌는 탐진치 삼독의 오염상태인 것입니다.

이 탐진치 삼독이 어떤 경위를, 어떻게 밟아서 생기는가? 궁금하시지요. 그것을 번뇌 구조(煩惱構造)라고 합니다.

첫 추락의 시작, 있다

자, 그러면 이렇게 해봅니다. 무심하게 텅 비어있는 마음을 상상하는 것입니다. 그런데 이 무심하게 텅 비어 있는 마음이 어떤 대상을 만나면 최초로 무슨 작업을 하게 될까요?

처음에 엄마와 나는 하나인 줄 알았던 어린 아기가, 하나가 아니라는 것을 아는 순간부터 주객(主客)을 실체로써 정립시키기 시작합니다. '나' 여기 있고 엄마는 거기 있다는 것이지요. 이렇게 주객이라는 의식이 생기기 시작하면서 동시다발적으로 '나다, 너다.' 분별을 하게 되는 것입니다.

그래서 이 '너'라고 하는 대상이 점점 확장되면서 그 남자, 그 여자, 이것, 저것 등으로 무량 무수한 바깥의 대상들로 둘러싸이게 되는 것이지요. 우리들은 눈을 뜨기만 하면, 그 대상을 바라보며 '있다.'라고 합니다.

허공과 같이 텅 빈 의식 공간에 '나'라고 하는 존재를 하나 만들고 '너'라고 하는 존재를 만듭니다. 물론 너라고 하는 대상은 점점 많아지게 됩니다. 그래서 천국처럼, 허심하고, 무심하게 탁 트여 한없이 고요하고 평화로웠던 마음이 무엇이 '있다.'라고 하면서 첫 추락이 시작됩니다.

좋다, 싫다

있음은 '있다.'로 끝나지 않습니다. 있는 그것에 대해 '좋다, 나쁘다, 싸다, 비싸다, 크다, 작다.' 하고 가치부여를 하게 됩니다.

가치부여가 시작되면, '좋다. 나쁘다.'에서 끝나는 게 아니라, 늦은 점점 더 깊어져서 소유하고 싶다, 갖고 싶다 하는 '싶다'라는 강력한 마음이 발동을 합니다.

여기에 누런 돌멩이가 하나 있습니다. "어! 뭣이 있다!" 하더니, "야, 금이다." 하고 흘러갑니다. 그다음은 "야 이거 천만 원짜리 금덩어리는 되겠는데." 하면서 '좋다' 하게 됩니다. 좋다 하고 나니까 거기서 마음이 멈추지를 않습니다. 그다음엔 이것이 갖고 싶어집니다.

순식간에 '있다-좋다-싶다'가 됩니다. 여기까지 우리 마음의 변화과정이 동감되시나요?

누런 돌멩이 하나를 두고 '있다-좋다-싶다'가 되기까지 몇 초나 걸리겠습니까? 빛의 속도로 '있다-좋다-싶다' 하게 되는 것입니다.

그런데 이 세상이 내가 갖고 '싶다.' 하면, 그것이 내 것으로 쑥쑥 되던가요? 마음대로 안 되지요. 갖고 싶다. 한다고 해서 뚝딱! 하면 내 것이 되는 도깨비방망이가 있던 세상이 아닌 것이지요.

분노와 불만 사고

그래서 '싶다.'까지 간 다음에는 이제 수많은 갈등과 좌절이 그 자리에서 일어나게 됩니다. 그러면서 내 마음은 어떻게 됩니까? 분노하는 마음이 생깁니다. '아, 왜 세상은 왜 이렇게 내 마음대로 안 되는 것일까?'

고상한 말로 '에이 썅!' 하게 된다는 것이지요. 마음대로 안 되니까 속이 상한단 말입니다. 그래서 '에이 썅!'하게 되는 것이지요.

그러면 '있다-좋다-싶다-에이 쌍'하는 데 몇 초나 걸리겠습니까? 눈 깜짝할 사이에 '있다-좋다-싶다-에이'하게 됩니다.

그것을 얼마 만에 한 번씩 하게 될까요? 일 년에 한 번? 반년에 한 번? 그러면 얼마나 좋겠습니까? 살아가면서 하루에도 수없이 하게 됩니다.

'있다-좋다-싶다-에이'를 수없이 하게 되면서 내 마음은 불만과 불평 쪽으로 길이 듭니다. 부정적으로 길들여진 '있다-좋다-싶다-에이'와 같은 그런 마음을 '번뇌 구조'라고 하는 것입니다.

'있다'는 다른 말로 표현한다면 '실체(實體) 사고'입니다.

'좋다'는 '가치(價値) 사고'이고, '싶다'는 욕구(欲求)가 되겠지요.

'에이 쌍'은 분노(忿怒)입니다.

그래서 무엇을 보면 '있다-좋다-싶다-에이 쌍'을 거듭합니다. 거듭할 때마다 내 속에서는 '아이고, 나는 안 돼. 짜증나.' 하는 불만이 생기게 됩니다.

그래서 '있다-좋다-싶다-에이-불만 사고'라는 다섯 단계의 마음이 한 세트, 한 다발, 한 시스템으로 딱 만들어지는 것입니다. '있다-좋다-싶다-에이 쌍-불만'이라는 이 세트가 평생 수시로 발동하는 것입니다.

눈덩이 커지듯 매일 커지고 쌓여, 더 탁해지고, 더 무거워지고, 더 커진 번뇌 덩어리를 가지고 세상을 살게 됩니다.

그러니 어떻게 맑은 세상을 보고 살겠습니까? 그것이 인생인 양 그렇게 살다 갈 수도 있다는 말입니다.

장자님 말씀

여기에서 장자(莊子)님 말씀을 들어보겠습니다.

장자님께서 뭐라고 하셨을까요?

첫 번째로 '최고로 지극한 경지에 이른 자는 세상은 없다.'고 한다. 하셨습니다. 없다, 하는 상태가 되면 마음이 어떻습니까? 아무 걸림 없이, 우주적으로 탁 트여 있게 됩니다. '세상은 없는 것이니, 욕심낼 것이 없다.' 그런 마음으로 살라는 말씀이지요. 이런 마음을 갖는 것이 만만치는 않으나, 마음을 닦고 닦으면 가능한 일이라 믿어집니다.

두 번째로 '지극한 경지에 올라간 사람은 세상을 있다고 하지만, 시비 (是非)를 두지 않는다.' 하셨습니다. 좋다, 나쁘다, 크다, 작다, 가치판단을 하지 않는다는 것이지요. '빨갛구나, 파랗구나'를 있는 그대로 바라본다는 것입니다.

세 번째는, '만일 시비를 두었다 하면 그 사람은 구제 불능'이라고 하셨습니다. 그냥 그러그러하구나! 하고, 그냥 있는 그대로 그를 인정해주지 못하는 사람이 된다는 것입니다. 내 잣대나, 내 가치관을 들이대고 그것만이 옳다고 보는 것이지요.

그렇다면 우리가 구제 불능이 되지 않으려면 어찌해야 되겠습니까?

두 번째 상태까지는 가야합니다. '있다-좋다-싫다-에이 안돼-불만 사고'식의 시비가 확연한 것이 번뇌라고 한다면, 이것을 각각 해결하는 해결의 길을 찾아야 되는 것입니다. 구제 불능이 아니라 구제 가능한 길을 찾아가야겠지요. 그런데 '있다-좋다-싫다-에이-불만'을 해결하는 길이 있습니다.

기대하셔도 좋습니다. 다음 시간부터, 이것을 해결해야 하는 방법에 대한 이야기를 나누도록 하겠습니다.

우리는 왜 공부를 할까요?

할머니 한 분이 버스를 타셨습니다. 짐을 올려놓고 주머니를 뒤지니 돈이 없었습니다.

그래서 기사님께 "기사 양반 미안합니다. 돈이 있는 줄 알고 탔는데 돈이 없구려. 한 번만 태워주면 안 되겠소."하며 계속 미안하다고 하는데, 기사분은 차도 출발시키지 않고서, 화를 내고 언성을 높였습니다.

"돈이 없는데 바쁜 시간에 왜 타요! 내리세요."무뚝뚝하게 소리를 지르는 것이었습니다. 할머니는 쩔쩔매며 계속 미안하다고 하고 있었고, 마침 출근길인 손님들은 짜증을 내며 "그냥 출발해요."" 빨리 내리세요."하며 투덜대고 웅성거렸습니다.

그러자 한 고등학생이 만원을 꺼내 요금함에 넣으며 말했습니다.

"이걸로 할머니 차비하시구요. 또 이렇게 돈 없는 분이 타시면 화내지 마시고, 남은 돈으로 그분들 차비해주세요."

순간 버스 안은 조용해지고 기사분은 말없이 차를 출발시켰습니다.

우리가 이렇게 공부를 하는 목적이 무엇일까요? 적어도 어떠한 경우든지, 어리석음으로 화를 내거나 남의 어려움을 못 본척하지는 말며 살아가자는 것이지요. 할 수만 있다면 차비 정도는 내어줄 수 있는 마음으로 살아가자는 것입니다.

마무리와 삼행시

그런데 어떻게 -있다 -좋다 -싶다 -에잉 -불만 사고의 흐름을 정리해낼 수 있었는지 놀랍지 않으세요? -실체 사고 -가치 사고 -욕구 -분노 -불만 사고라는 흐름을 발견해내신 탁월한 통찰력을 힘 안 들이고 배우고 나눌 수 있음에 고개 숙여 감사드립니다.

오늘 이렇게 함께 공부하신 공덕으로, 탁 트여 걸림이 없는 삶, 구제 가능한 삶을 살아가시길 빌겠습니다. 한 주 동안 내 마음에 일어나는 번뇌구조를 확인해 보시며, 마음의 실체와 변화를 들여다보실 수 있는 여유로운 시간이 되시길 기원합니다.

오늘은 '해결책' 3행시로 마치겠습니다.

해 : 해결책은 무엇이 있을지 기대되시지요?

결 : 결코 실망하시지 않을 해결책을 가지고 다음 시간에

　　뵙겠습니다.

책 : 책 속에 행복의 길이 있으니, 끝까지 함께 해요.

고맙습니다. 사랑합니다. 축복합니다. 행복하세요.

번뇌를 풀어내는 5가지 방법
(수심체계)

문제가 있으면, 해결방법도 있다.

번뇌 구조가 만들어졌으니
당연히 풀어내는 방법도 있을 터.

'있다'가 말썽이니
없음의 '돈망명상'으로 풀어보자.

좋다, 나쁘다는 진짜 그런가?
비아명상으로 풀어본다.

'갖고 싶다'라는 욕구는 강하다
'죽음 명상'이 제격이다.

욕구가 충족되지 않아 화를 잘 내니
'나지사 명상'으로 풀어보자.

불만이 가득할 때는 만족과 감사의
'지족 명상'이 해답이다.

이것이
번뇌를 풀어낼 5가지 방법이다.

22강 수심체계(修心體系)
번뇌를 없애는 5가지 방법

지난 시간 이야기

지난 시간에는 번뇌 구조에 대한 이야기를 나누었지요.

번뇌 구조가 정말 그렇구나! 하고 '아하' 되시던가요?

무엇이든 있다 하는 실체 사고, 좋다. 나쁘다. 하는 가치사고, 좋으니 갖고 싶다 하는 욕구, 꼭 갖고 싶은데 가질 수가 없네 하며, 에이 화난다 하는 분노, 이 분노가 자주 반복되면서 '아, 나는 되는 일이 없구나!' 하며 불만이 자꾸 쌓여 불만 사고가 됩니다.

그렇게 번뇌의 악순환이 거듭되는 것입니다. 이 번뇌들을 한꺼번에 싹 쓸어버리면 좋겠지만, 욕심을 내려놓고 하나씩 부수어 버릴 수 있는 방법에 대해 오늘부터 이야기 나눠보겠습니다.

수심체계에 대하여

이렇게, 욕심을 정화하여 마음이 평화로워지는 방법이 '수심'입니다. 오늘은 번뇌 구조를 깨부술 수 있는 '수심체계'에 대해서, 전체 줄기를 이야기하려고 합니다.

우리가 살고 있는 이 사회에서 이뤄지는 정치, 경제, 사회, 문화, 교육, 종교 등등, 이 모든 것들의 궁극적 목적은 무엇일까요?

그곳에 살고 있는 사람들이 보다 행복해지게 하는 것입니다. 결국은, '이 마음과 몸을 지극히 기분 좋은 상태로 만드는 것'이 그 목적이지요. 인류 역사의 모든 것을 살펴보면, 결국 이 마음과 몸을 즐겁고 편안하게 하려고, 변화를 거듭하고 공부를 하며 발전을 이루어내는 것입니다.

그렇게 마음과 몸을 지극히 기분 좋은 상태로 만드는 것 중에서, 가장 편안하고 즐거운 것은 어떤 상태일까요?

다음 3가지 상태라고 말 할 수 있을 것입니다.

첫 번째는 마음이 일체 것에 걸림이 없고, 탁 트인 자유감, 해탈감을 느낄 수 있는 것입니다. 두 번째는 그 마음속에서 사랑과 자비의 마음이 아지랑이 피어나듯 한없이 우러나오게 되는 것이지요. 세 번째는 해야 할 일이 있을 때 알아서 착착 실행할 수 있는 그런 자재(自在) 인품이 되는 것이 이상적인 마음상태일 것입니다.

즉, 자유, 자비, 자재한 마음 상태가 되는 것이지요. 마음이 그렇게 되려면 방법론이 있어야 합니다. '자유, 자재, 자비하게 살아갈 수 있는 마음 상태가 되는 방법론'이 바로 수심체계입니다.

진짜 마음공부

지금 이 시간에 공부할 수심체계를 두 가지 관점으로 생각해 보겠습니다. 우리들은 원래 탁 트인 허공과 같은 마음을 가지고 있었는데 거기에 먹구름이 끼었습니다. 욕심으로 인해 걱정거리가 생겨난 것이지요.

그럼 어떻게 해야 되겠습니까?

첫 번째 가장 쉬운 마음공부는, '걱정거리라는 그 먹구름을 걷어내는 것'입니다. 일단 끼어 있는 먹구름을 제거하는 게 먼저인 것이지요.

그보다 한 단계 위인 중요한 마음공부가 있습니다. 뭘까요?

비행기를 타고 높이 올라가 보면 엄청난 구름층을 지나게 되는데, 그 구름층을 벗어나면 어떻습니까? 엄청나다고 생각했던 그 구름 위에 끝없는 허공이 펼쳐집니다.

먹구름과는 무관하게, 이미 무한히 열려있는 허공이 99.9999%라는 것입니다. 그렇기 때문에 정말 궁극의 마음공부는, 구름을 제거하는 것보다, 두 번째는 '열려있고, 탁 트여 끝없이 펼쳐지는 허공을 확인하는 것'

입니다. 이것이 제대로의 행복 공부이고, 마음공부인 것입니다. 그래서 이 두 축의 공부가 적당한 조화를 이루면서 나아가면 되는 것입니다. 한 쪽만을 고집하는 것은 어리석은 일이지요.

마음 공간의 크기는 얼마나 될까요?

그러면 우리들의 마음 공간에 대해 생각해 보겠습니다.

우리들 마음 공간의 크기는 얼마나 될까요? 우리들의 마음 공간은 알고 보면 무엇을 채워도 절대 다 채워지지 않을, 그 크기를 잴 수 없는 무한대 의 공간입니다.

우주를 들여놔도 다른 것을 얼마든지 더 가져올 수가 있습니다. 마음속 에서 우주 따위는 부분집합으로 들어갈 만큼, 그렇게 광활하고 크다고 보 면 됩니다. 그런 광활한 의식 공간 안에 우리가 미성숙하게 살아가고 있 는 여러 가지 이유로, 어두운 것 부정적인 것들이 조금씩 끼어들었을 뿐 입니다. 그것들은 마치 허공에 드문드문 점이 찍혀있는 것과 같은 것입니 다.

그러면 수심은 무엇입니까? 마음을 닦는 것입니다. 부정적인 구름을 걷 어내는 것, 본래 허공임을 확인하는 것입니다. 좀 어두운 것이 끼어있다 하더라도, 마음속은 그런 어두운 것을 제외하고는 본래 비어있는 부분이 한없이 많다는 것을 깨닫는 것입니다.

그러니까 내 마음속에는 번뇌로 인하여 무언가 꽉 차 있는 듯하지만 '아, 본래 비어있는 부분이 한없이 크구나.' 하는 것을 확인하는 작업이 가장 중요한 것입니다.

우리가 미성숙한 삶을 살다 보니, 허공보다는 번뇌에 집중하고, 번뇌에 코를 박고 있기 때문에 그 번뇌가 우리 마음속에 가득 끼어있는 것처럼 여겨지는 것뿐입니다. 사실은 그 번뇌가 아무리 많다고 하더라도 텅 비어 있는 의식공간에 비하면 0.00001%에 불과하다는 것이지요.

우리가 살고 있는 건물들, 아파트며 빌딩이며 어마어마합니다.

그런데 비행기를 타고 하늘로 올라가 내려다보면 어떻습니까? 너무나 작고 왜소합니다.

잠시 후에 비행기가 지나가는 하늘의 공간을 한번 바라보십시오. 건물을 지나고 난 후에 펼쳐지는 허공은 끝이 없습니다. 내 수명이 다할 때까지 달린다 해도 끝이 안 날 것입니다.

번뇌 5가지 다시 확인하기

이쯤에서 번뇌 5가지를 다시 확인해보겠습니다.

바닥에 오만 원짜리 지폐가 떨어져 있습니다. 그러면 돈이 있다! 생각하는 것이 번뇌 하나입니다. 돈 그것을 '좋다.'라고 생각하는 것이 번뇌 둘입니다. 그것을 갖고 싶어 하는 욕심이 번뇌 셋이라 할 수 있고, 마음대로 안 되니까 속상하고 화가 나는 것이 번뇌 넷이지요.

그런데 앞에 있는 것들이 반복되면서 불만 사고가 발달합니다. 이 불만 사고까지 합치면 번뇌는 5가지라고 말 할 수 있는 것입니다.

수심체계 첫 번째 돈망

그러나 이 번뇌가 아무리 많다고 하더라도 오염되지 않고 있는 의식공간이 99.9999%라는 사실을 알고 계시지요. 그래서 무한 공간을 확인하는 것, 허공으로 이미 비어있는 그 공간을 확인하는 것을 행복마을에서는 그것을 '돈망(頓忘)'이라고 하며, 고급과정 수련에서 다룹니다.

'돈망(頓忘)'을 확실히 깨달은 후에, '야, 내가 이 세상에 태어나서 이것을 깨닫게 되다니.' 기뻐서 춤을 추며, 자기가 깨달은 것을 양식에 맞게 적어낸 후 스승님과 면담을 통해 진짜 깨달았는지 확인을 받습니다.

확인이 되면 바로 "네가 돈망을 제대로 깨우쳤구나. 참으로 기특하다." 하고 인정해주시게 됩니다. 이런 사람을 '파지자'라고 하는데 현재는 51명이 있습니다. 돈망을 확인하면 다른 공부는 많이 쉬워집니다. 그러니 여러분들도 돈망을 잡으실 기회를 가지시면 좋겠습니다.

스승님께서는 우리가 늘, 이미 모두 돈망상태로 있다고 하십니다. 없는 돈망을 깨달으려면 어렵겠지만, 돈망은 이미 허공이 펼쳐지듯 우리 모두에게 있는 것이니 조금 더 공부해서, 돈망을 완전한 자기 것으로 만들어 더욱더 자유롭게 사시기를 기원드립니다.

불만 사고 척결하기

그런데 이 돈망이 항상 내 안에 있는데도 잘 안 보입니다. 그래서 보통 구름을 먼저 제거해 나가는 게 쉽습니다.

제일 먼저 제거할 구름은 번뇌 중에서 특수 번뇌인 불만 사고입니다. 이 불만 사고가 우리들 행복과 불행의 99%를 좌우하기 때문입니다.

그래서 이 불만 사고를 먼저 척결해 버리려는 것입니다. 불만 사고 하나만 척결해도 99%의 먹구름은 해결됩니다.

얼마나 좋습니까? 그러면 불만 사고를 척결하는 길은 무엇이 있겠습니까? 만족(滿足)하고, 지족(知足) 하는 것입니다. 불만의 반대말이 만족(滿足)이잖아요. 부족하다고 생각해서 화가 났는데 '이만하면 됐어.' 하면 화가 많이 누그러집니다. 이것이 지족(知足)이지요. 그래서 지족 명상, 감사 명상이라고도 할 수 있습니다.

'아, 살아있어 감사하다. 숨 쉴 수 있으니 감사하다. 볼 수 있으니 감사하다. 건강하니 감사하다. 부모님 살아계셔서 감사하다. 행성끼리 부딪히지 않고 제자리를 잘 유지해 주니 감사하다.'

감사거리가 지천으로 있다는 것을 깨닫고 감사하고 지족하는 것입니다. 이 명상을 어느 임계선을 넘어설 만큼 꾸준히 하게 되면, 불만 사고가 거의 척결됩니다. 그러면서 돈망상태가 될 수 있습니다.

실체사고와 가치사고, 욕구 척결

다음은, 무엇이 있다, 있는 그것이 좋다. 하는 실체사고(實體思考)와 가치사고(價値思考), 치(癡)를 제거하는 것입니다. 없는 것을 왜 있다고 합니까? 가치도 알고 보면 없는 것입니다.

인간이 볼 때, 가치 운운하는 것이지 알고 보면 가치라고 할 것이 없습니다. 없는 것을 있다고 여기는 이 어리석음을 해결해야 합니다.

그것이 비아명상(非我瞑想)입니다. 그리고 '있다'와 '좋다'가 '싶다'로 이어진다고 했지요. 무엇이 있으면 그냥 '있구나!' 하면 좋은데 갖고 싶다. 무엇을 하고 싶다 하는 '싶다'가 되어버립니다. 이 싶음이야말로 골치 아픈 번뇌입니다. 이 '싶음'을 제거하기 위해서 죽음명상을 합니다.

싶음 다음에는, 싶음이 마음대로 되지 않아서 '에이' 하고 분노가 생깁니다. 분노를 다스리는 공부 방법이 구나(나) 겠지(지) 감사(사), 곧 나지사명상입니다. 나지사 명상을 꾸준히 하다 보면 분노가 사라져 버립니다.

그래서 '돈망명상, 지족명상, 비아명상, 죽음명상, 나지사명상'

이 다섯 가지가 번뇌를 척결하는 행복공부의 지름길, 수심체계인 것입니다. 이 다섯 가지를 손에 쥐게 되신다면 억만금을 얻은 것만큼 더 가치가 있을 것입니다. 다음 시간부터 하나씩 공부해가며 행복의 지름길로 더욱 쑥 들어가 보겠습니다. 수심체계를 마음속에 잘 장착하셔서 허공과 같은 자유로운 삶을 사시기 바랍니다.

투덜이 스님

　매사에 불만이 많아 늘 투덜거리는 스님이 있었습니다. 어느 날 큰 스님이 그를 불러 소금을 한 줌 가져오라고 일렀습니다. 그리고 소금을 물 잔에 넣고 저어서 그 물을 마시게 했습니다. 그리고 스님이 물었습니다.

　"맛이 어떤가?" "짭니다." 제자가 얼굴을 찡그리며 말했습니다.

　큰 스님은 다시 소금을 한 줌 가져오라 하시더니 근처 호숫가로 데리고 갔습니다. 소금을 호수에 넣고 휘휘 저은 뒤 호숫물을 떠서 마시게 했습니다. "이 맛은 어떤가?" "시원합니다."

　"짠맛이 느껴지는가?" "아니요." 그러자 큰스님이 말씀하셨습니다.

　"인생의 고통은 소금과 같다네. 하지만 짠맛의 정도는 고통을 담는 그릇에 따라 달라지지. 잔이 되는 것을 멈추고 스스로 호수가 되어보게나."

도종환의 '그대 언제 이 숲에 오시렵니까?' 중에서

　우리도 이렇게 하루하루 지혜를 쌓아가며, 호수 같은 큰 그릇이 되기를 기원합니다.

오늘은 '지름길' 삼행시로 마치겠습니다.

지 : 지혜와 지식을 갖추기 위해 노력하는 사람은
름 : 늠름하고 당당하게 살아갈 수 있습니다.
　　이렇게 지혜를 쌓으신 공덕으로
길 : 길 아닌 길을 헤매던 어리석음을 버리고 길 속의 길,
　　행복의 길로 나아가시길 기원합니다.

고맙습니다. 사랑합니다. 축복합니다. 행복하세요.

사물지족명상

물건이 넘치니 감사함을 잊었고
먹을 것이 넘치니
귀함을 잊었습니다.

아무 생각 없이 사용하고 있는
물건들에게
자연에게

'이것이 없다면' 하고
잠시만 바라보고 있어 봅니다.

그 고마움과
소중함이
가슴에 느껴질 때까지

나를 위해 존재해주시는
세상의 모든 사물들에게
두 손 모아 감사드립니다.

23강 사물(事物)지족명상
물건에 감사하기

지난 이야기

지난 시간에는 번뇌를 어떻게 깨부수어야 하는지에 대하여 전체줄기를 이야기했습니다.

수심(修心)의 목적, 인류사의 목적이 무엇이라고 했을까요?

첫째, 마음이 일체의 것에 걸리지 않고 탁 트인 자유감, 해탈감을 느끼는 것입니다. 둘째, 해야 할 일은 알아서 척척 하는 자재인품이 되는 것입니다. 셋째, 그 인품에서 사랑과 자비의 마음이 아지랑이처럼 우러나오는 것이지요.

우리가 이렇게 살아가기 위해 수심체계를 지금부터 하나씩 이야기 나눠보도록 하겠습니다. 수심체계는 돈망, 지족, 비아, 죽음, 나지사 명상이었지요. 오늘은 무엇부터 시작할까요?

불만 사고를 척결하는 지족명상

우리는 원래 탁 트인 허공과 같은 마음을 가지고 있는데, 거기에 탐진치(貪瞋治) 때문에 먹구름이 끼었습니다.

그래서 첫 번째 가장 쉬운 마음공부는, 걱정거리라는 그 먹구름을 걷어내는 것입니다. 그리고 최종적으로는 언제나 열려있고, 확 비어있는 허공을 확인하는 것입니다. 허공을 확인하는 것이 돈망인데, 돈망은 공부를 조금 더 한 다음에 이야기 나누기로 하겠습니다.

오늘은 제일 먼저 제거할 먹구름인, 번뇌 중 특수 번뇌인 불만 사고부터 해결해 보겠습니다. 불만사고를 먼저 척결해 버리면, 다른 번뇌 척결이 훨씬 쉬워집니다.

어떻게 척결하면 된다고 했을까요? 맞습니다. '지족명상'입니다. 지족명상은, 그 대상에 따라 사물에 대한 지족 명상, 사람에 대한 지족명상으로 구분합니다. 오늘은 '사물지족명상'을 먼저 나누도록 하겠습니다.

지족(知足)이란 말은, 이미 만족스러운 상태에 있음을 아는 것, 명상(冥想)이란, '눈을 감고 고요한 마음으로 생각하는 것' 이지요.

여기서 마음이 평화롭고 행복해지려면 가장 중요한 지점은, 눈을 감는 것일까요, 고요한 마음을 갖는 것일까요, 생각을 바꾸는 것일까요, 생각을 바꾸는 것입니다. 눈을 감고 고요히 앉아있으면, 당장은 마음이 편해질 수 있습니다.

그러나 생각이 바뀌지 않는다면, 똑같은 먹구름 상황이 다시 닥쳤을 때 힘들어집니다. 이것은 명상을 했다고 할 수가 없습니다. 생각의 변화로 깨달음이 이루어져, 먹구름이 다시 와도 흔들림이 없어져야 진정한 명상을 했다고 할 수 있습니다. 명상을 방편으로, 흔들림 없는 깨달음을 이루는 것이 진정한 명상이지요.

사물지족명상

자, 이제 '사물지족명상' 여행을 떠나볼까요?

우리 주변에 있는 사물들에 대해 생각해보겠습니다. 우리가 살아가려면, 순간순간 수많은 사물을 접하게 됩니다. 눈에 보이는 것, 귀에 들리는 것, 만져지는 것들이 모두 사물입니다. 또 눈에 보이거나, 들리거나, 만져지지 않아도, 우리의 삶을 유지해주기 위해 너무나 많은 사물이 존재합니다. 의식 공간 속에도, 상상 속에도 수없이 만나는 사물들이 있습니다.

요즘 심심찮게 듣게 되는 인공지능도 사물 맞지요?

이렇게 우리는 한 순간도 사물들이 없으면 생존을 할 수가 없습니다. 일어나서 하는 양치, 샤워, 식사, 출근, 어느 것 하나 사물의 도움 없이 할 수 있는 것이 있나요? 칫솔, 치약, 물, 샤워기, 옷, 가스레인지, 수저 밥 등등, 모두가 나의 생존에 없어서는 안 될 존재들입니다.

이 존재들에 대해 고맙다고 생각을 해보신 적이 있습니까? 당연히 돈 주고 사서 있을 자리에 있는 물건들인데, 무슨 생각거리가 되고 감사거리가 됩니까? 그러면 할 말이 없어집니다.

그러나 우리의 의식수준을 조금만 높여보면, 어쩌다 한 번이라도 고맙다고 생각을 하게 됩니다.

사물지족명상의 목적

행복이란, 내 마음이 무언가와 마주쳤을 때 기쁨을 느끼는 것입니다.

그런데 내가 어떤 사물과 딱 마주쳤을 때, 그것에 대한 고마움이나 긍정감이 떨어진다고 가정을 해보십시오.

내가 입을 옷을 보는데 긍정감이 팍 떨어집니다. 어떻겠습니까? 마주치는 사물마다 긍정적으로 느껴져서 기분이 좋은 것이 아니라, 부정적으로 느껴지고 기분이 나빠지며 '쌍시옷!' 하게 된다면 어떻겠습니까? 그 자체가 바로 불행의 시작입니다.

사람들의 삶을 관찰해보면, 사물을 대하면서 충분히 기쁨을 맛볼 수 있고, 맛보아야 하는 상황인데도 불구하고 기쁨을 맛보려 하지 않습니다. 불평을 하며 그냥 살아 갑니다.

이것이 불행한 사람들의 속성이라고 할 수 있습니다.

그래서 사물지족명상을 하는 목적은, 사물과 자연에 대하여 긍정감을 느껴 행복하게 살아가기 위함입니다.

먼저 자신이, 사물에 대해 만족, 지족하며, 감사함을 얼마나 느끼고 살고 있는가? 내 생활 속 물건들이 이미 만족스러운 상태에 있음이 수긍되는가? 감사할 줄을 몰라, 불행하고 안타까운 인생을 살지는 않는가?

그리고 가장 중요한 것은, 감사명상을 하여 우리들의 생체리듬을 감사와 기쁨으로 바꿔보자. 는 것입니다.

오래전 이천에서 근무할 때, 시외버스를 타고 기다리고 있는데, 상인이 올라왔습니다. 무얼 팔았을까요? 칫솔을 팔았습니다.

이런저런 이야기를 신바람 나게 하더니, 웬만하면 칫솔 하나 가지고 온 식구가 돌아가며 쓰거나 빌려 쓰지 말고, 이 기회에 칫솔 하나 장만하셔서 각자 자기 칫솔로 이를 닦으시라고 말했습니다. 웃음이 터져 나왔지만, 꾹 참았지요.

그런데 사람들이 칫솔에 돈을 쓰는 게 아까웠던지 사는 사람이 거의 없었습니다. 그때는 손가락으로 소금을 찍어 이를 닦는 사람이 많을 때였거든요. 칫솔이 비싸고 귀한 대접을 받던 때였습니다.

지금은 싸고 흔하니 '칫솔쯤이야'하며 감사함이 없어졌습니다.

사물지족명상, 감사점 찾기

그러면 지금부터 '사물지족명상'을 해보겠습니다.

먼저 사물지족명상을 하는 수련장 모습을 소개해 보겠습니다.

수련장에서는 주전자 하나를 가운데에 두고, 전 수련생이 삥 둘러앉아 주전자에 대한 감사점을 찾아 적습니다. 주전자 하나에 대해 30여 개 이상의 감사점을 찾아냅니다.

어떤 관점으로 찾아내게 될까요? 처음에는 주로 모양과 쓰임새, 편리함과 감사점을 찾습니다. 그리고 주전자에 얽힌 추억을 떠올립니다. 생각의 꼬리를 물고 이 주전자가 여기 오기까지 수고해준 이들에 대한 감사가 이어집니다.

그러다 보면 그 쇠를 캐내기 위해 고생한 광산사람들, 철을 주전자로 만들 수 있게 생산해준 사람들, 마치 끝말잇기를 하는 것처럼 감사함이 이어지게 되는 것입니다.

쇠를 캐어내는 철광산이 만들어지려면 지구에 어떤 일이 있었을까?까지 가다 보니 주전자 하나가 내 앞에 오기까지 전 지구, 전 우주가 동원되었다는 것을 발견하게 됩니다.

주전자같은 단순한 물건 하나에도 감사점이 이렇게 발견된다면, 주전자보다 복잡하고 귀한 많은 것들은 어떻겠습니까?

그럼 사물지족명상의 목적은 무엇일까요? '만나는 모든 사물의 감사점을 찾고 마음 깊이 감사함을 느끼는 것.'입니다.

집과 집안의 사물들

집을 한번 생각해 볼까요? 감사점이 30개만 될까요? 찾으려고만 들면 300개, 3,000개도 훌쩍 넘는 무수한 감사점들이 쏟아져 나올 것입니다.

모두 눈을 감아 보세요. 지금부터 집으로 가보겠습니다.

집에 계신 분들도 밖에서 들어간다 생각하시고 함께 해보시기 바랍니다. 집에 들어가기 전에 사실 무엇부터 감사해야겠습니까?

들어갈 집이 있다는 것에 먼저 감사해야겠지요. 추운 날에도 밖에서 지내는 노숙자들이 많습니다. 남의 일이니까 대수롭지 않게 여기는 것이지, 그 사람과 하루만이라도 바꿔보라고 하면 어떨까요? 상상하고 싶지도 않으시지요.

단 하루만 바꾸라고 해도 끔찍한데 영원히 갈 집이 없다고 생각해 보면, 우리는 집에 들어갈 때마다 늘 감사해야 합니다.

'나는 들어갈 집이 있어 감사하구나!'

집에 들어가기 전에도 수많은 사물을 만납니다. 아파트에 사는 분들은 집에 들어갈 수 있도록 항시 대기하고 있는 엘리베이터를 만나시죠? 감사해본 적이 있으신가요? 층 번호만 누르면 집 앞에 착 내려주니 얼마나 감사합니까?

 문을 열고 집 안으로 들어갑니다. 현관문에 대해 감사해 본 적이 있으세요? '그거야 당연히 있는 것인데 뭘 감사를 해.'라고 생각하신다면, 없다고 생각해보세요. 문이 없다면 어떨까요?

 이웃 간에 사이는 더 좋아지겠네요, 그다음은 상상하고 싶지 않으시지요. 문짝 하나가 완전히 우리를 다른 세계에 살게 해 주는 것입니다.

 문을 열고 집 안으로 들어갑니다. 수많은 사물을 만납니다.

 그럼 이제부터는 만약 그것이 없다면, 어떤 일을 겪어야 하는지를 생각하며 사물을 하나씩 만나시기 바랍니다.

 신발장이 없다면, 싱크대가 없다면, 가스레인지가 없다면,

 물이 나오지 않는다면, 화장실이 없다면, 변기가 없다면,

 전기가 들어오지 않는다면, 냉장고가 없다면, 샤워기가 없다면,

 따뜻한 물이 나오지 않는다면, 세탁기가 없다면,

 정말 생각하고 싶지 않을 만큼 끔찍하시지요?

 그러니 우리 주변에 있는 모든 소소한 물건 하나하나가, 얼마나 우리에게 도움을 주고 감사하고 소중한 존재인지 공감되시지요. 이처럼 여러분들 눈앞에 있는 하나하나가 전부 감사투성이입니다.

 그래서 내가 접하는 사물에 대해 진정으로 감사하는 사물지족명상을 해야 합니다. 그렇게 하다가 보면 내 마음에서 몸에서 무언가 변화가 느껴집니다. 주변을 바라보는 내 마음이 설레는 기쁨과 감사로 변해가고 있는 것이 느껴지게 됩니다. 이런 이야기만 나눠도 감사함이 넘쳐 나오시지요.

그렇게, 끊임없이 감사를 하다보면 내 마음에서 기적 같은 일이 벌어집니다. '아니 세상에 나를 살아가게 하기 위하여, 이렇게 많은 존재들이 나에게 도움을 주고 있었다는 말인가?'

감동이 밀려옵니다. 감사하지 않을 것이 없음에 눈을 뜨게 되지요.

자연에 감사하기

그리고 자연을 생각해 볼까요? 자연에 대해 진정한 감사를 해보셨습니까? 공기, 물, 해, 달, 별, 땅, 나무, 바위, 바다, 강, 비 등에 대해서는요?

혹시 '공기가 감사한지 모르겠는데요.' 하는 생각이 드신다면 공기의 있고 없음을 떠올려 보십시오. 공기가 일시에 싹 빠져서 없어져 버린다면 5분 안에 우리는 다 질식사를 할 것입니다. 지금 나의 이 기적적인 생존은 공기가 없이는 불가능합니다.

그렇게 생각해보면, 공기에 대한 감사가 무한대로 커집니다. 공감이 되시나요? "공기가 있어 준다는 건 참으로 감동이고 고마운 일이로구나." 하고 생각하는 것이 사물지족명상입니다.

물에 대해서는 감사해보셨나요? 우리는 물을 물처럼 마구 쓸 수 있으니 감사를 억지로 만들어내야 할지도 모릅니다. 아프리카에서 3년씩, 4년씩 비가 오지 않는 나라 사람들의 물에 대한 생각은 어떠하겠습니까? 무조건 감사할 수밖에 없습니다.

다음은 기온을 생각해 보세요? 이 기온이 적당한 수준을 유지해주기 때문에 우리가 이렇게 존재할 수 있는 것입니다. 만일 기온이 갑자기 70도 이상으로 올라가거나, 반대로 마이너스 100도 정도로 뚝 떨어져 버린다면 어떻겠습니까? 우리들은 끝입니다.

마무리와 3행시

곡식, 채소, 생선 등 먹거리가 없다면 우리는 굶어 죽게 되겠지요.

또 태양계, 은하계, 우주의 질서가 없다면 어떨까요. 이런 것들을 생각해보면 볼수록, 감사하기 그지없습니다.

내가 없는 것을 탓하고 있어서 그랬을 뿐이지, 이미 갖추고 있는 무한한 이 사물에 대해 감사함을 생각할 수만 있다면, '나는 지금 넘치는 행복 속에 살고 있구나!' 하는 탄성이 저절로 나올 수밖에 없습니다.

'아! 음식, 공기, 물, 온도, 사계절 정말 감사하구나!'

환경을 구성하고 있는 다른 사물에 대해서도 섬세하게 명상해 보십시오. 그 사물들이 기뻐서 여러분들을 마구 도와줄 것입니다.

사물지족명상을 틈날 때마다, 몸과 마음에 절로 감사와 지족이 느껴질 만큼 진정성 있게 해 보세요. 행복 수위가 점점 더 높아지리라 믿습니다.

오늘은 '감사점' 3행시로 마치겠습니다.

감 : 감사점을 찾아 표현하는 것만큼, 우리의 행복 수위는
　　　올라가고,

사 : 사물에 대한 감사가 저절로 우러나오게 된다면

점 : 점점 더 걸림 없는 행복 해탈을 누리며 살아가게
　　　될 것입니다.

고맙습니다. 사랑합니다. 축복합니다. 행복하세요.

사람지족명상

봄날 뒷동산에
숨어 핀 진달래에 감탄이 터진다.
"와아, 여기
예쁜 진달래가 피었네."

내려오는 길에
붉게 물든 저녁노을에 감탄한다.
"와 저 노을 좀 봐.
너무 예쁘다."

여름날 바닷가에서 출렁이는 파도를 보며
가을날 울긋불긋 물든 단풍을 보며
겨울날 쏟아지는 하얀 눈을 만지며
"멋지다. 예쁘다. 오랜만이다."
감탄사 연발이다.

이제는 사람이다.
함께 살아가는
사람들에게 좀 더 관심을 가져야겠다.

모든 자연을 다 합친 것보다
더 신비하고
더 귀하고
더 아름다운
내 곁의 소중한 사람들이

잘 지내고 있는지
외롭지는 않은지
어떻게 살고 있는지

24강 사람지족명상
사람들에게 감사하기

지난 시간 이야기

지난 시간에는 사물지족명상에 대한 이야기를 했습니다.

사물지족명상을 하는 목적은, 사물에 대해 감사함을 느끼며 행복하게 살아가기 위함입니다.

첫 번째는 사물에 대해 만족, 지족하며, 감사함을 느끼고 살자는 것, 두 번째는 사물에 대해 이미 지족상태에 있음이 수긍됨을 확인해보는 것, 세 번째는 사물에 대한 감사를 모르는 안타까운 인생을 살지 말자는 것, 네 번째는 사물지족명상으로 우리 생체리듬을 감사와 기쁨으로 바꿔보자는 것입니다.

나를 둘러싸고 있는 자연을 비롯한 모든 사물이 나를 살리기 위해 끊임없이 도움을 준다는 것이 느껴지셨나요? 사물이 귀하고 소중하게 보이시던가요? 감사를 하는 것은 결국, 누가 즐겁고 행복해지는 것입니까?

내가 즐겁고 내가 행복해지자는 것입니다. 한세상 좀 더 행복하게 살다가자는 것이지요.

가까이 있는 사람부터

오늘은 사람지족명상을 해보겠습니다. 우리 주변에는 늘 수많은 사람들이 있습니다. 사람지족명상은 누구부터 해야 한다구요? 가까운 사람부터 하고, 점점 넓혀가야 합니다. 지금, 가장 가까운 옆에 계신 분에게 감사를 먼저 해보실까요?

"당신이 내 옆에 계셔서 행운입니다. 감사합니다." 감사하다는 말을 하는 것만으로도 기분이 좋아지시지요?

다음은 가족, 친척, 직장 동료, 친구들에게, 조금 과거로 가면 학창 시절 선생님과 급우들, 좀 더 올라가면 조상님들, 역사 속 인물들까지. 살면서 살아오면서 늘 마주치며 만나는 사람들, 그 사람들에 대한 지족명상이 이 시간의 공부 주제가 됩니다.

그런데 늘 가까이 있는 사람에게는 감사를 잘할까요? 짜증을 많이 낼까요? 어리석게도 짜증을 많이 냅니다. 함께 있으면 기대 수준이 높고, 바라는 바가 많아서 짜증을 내고 탓을 많이 하게 되는 것입니다.

그래서 어떤 노래가 나왔지요? "있을 때 잘해." 있을 때 잘 하시구요. 사물지족명상에서 말했듯이 '있고 없음의 차이'를 있을 때 아는 게 깨달음입니다.

없어지면 그때야 그 사람이 감사한 줄 아는 것은 어리석음의 극치이지요. 이제 우리는 사람지족명상을 통해, 있을 때도 감사하고, 떠난 후에도 감사하는 인품이 되면 좋겠습니다.

사람지족명상이란,

그럼 사람지족명상이란 무슨 말일까요?

사람에 대해 만족감을 느끼는 것, 또 사람을 대할 때 기분이 좋아지는 것을 말합니다. 사람을 대할 때 만족스럽고 기분이 좋다면 사람을 대하는 것이 행복해지겠지요.

그런데 만약 사람을 대할 때 기분이 좋지 않다고 하면 어떻겠습니까?

매일 만나는 것이 사람이고 사람을 만나며 사는 것이 인생인데, 사람을 만날 때마다 기분이 좋지 않다면, 좋지 않은 만큼 내 삶을 불행하게 살게 되는 것이지요.

행복이라고 하는 것은, 아주 여러 가지 것들이 복합적으로 작용해서 마음속에서 결정됩니다. 그중 사람들과 마주치면서 형성되는 마음이 우리들의 전체 행복 중 가장 큰 부분을 차지한다고 할 수 있습니다.

무시할 수 없는 가장 큰 부분입니다. 그래서 사람에 대한 긍정감이 우러나느냐 못하느냐 하는 것이 곧 행복하냐? 못하냐? 를 결정하게 되는 것이지요. 지혜가 있고 행복을 원하는 사람이라면 이렇게 생각해보는 것입니다.

'태어났으면 죽을 때까지
사람을 만나고 사는 것이 인생 아닌가!
그런데 만나는 사람을 기분 나쁘게 생각한다는 것은
나만 손해이고 불행이다!
사람들을 만날 때마다
기분이 싹 좋아지고, 싹 좋아지고, 싹 좋아진다면
이보다 좋은 일이 어디 있겠는가?
아, 나는 사람에 대해 좋은 느낌을 갖도록 해야겠어.'

좋은 느낌의 개발, 그것은 상생, 윈~윈(win-win) 하는 길입니다. 그 자체가 내 행복이 되고, 그 마음으로 사람을 대하니 나를 만나는 사람은 누구나 행복해집니다.

사람 긍정을 위한 연습

그러기 위해서는 어찌해야 될까요? 사람을 긍정적으로 생각하고 느끼는 연습을 해야 하는 것입니다.

인류 역사에서 어리석음 중에, 최고의 어리석음을 한 가지를 든다면 전쟁의 역사이지요. 피비린내 나는 인류 전쟁의 역사, 참으로 끔찍하고 안타까운 일입니다.

한 무리의 사람이 다른 한 무리의 사람들과 만나서 칼로 베어 죽이고 활과 총으로 쏘아 죽이면서, 사람을 죽이는 별의별 기술을 다 개발해 왔습니다. 얼마나 무섭고 끔찍한 일입니까?

21세기까지 살아온 인간들의 전쟁사를 보면, 인간으로서 자존심이 상합니다. 동물들은 자기의 생명을 유지하기 위한 먹이 활동 외에는 살생을 하지 않는데, 인간만이 남이 가진 것을 빼앗기 위해 그렇게 무참히 죽이는 것이지요.

우리의 DNA 속에 사람에 대한 긍정감이 부족했기 때문에 그렇다는 생각이 듭니다. 그런데 사실은 기가 막힌 상황이 있습니다.

제 몸뚱이를 낳아준 자기 아버지, 어머니를 원수처럼 생각하는 사람들이 꽤 많이 있다는 것입니다.

행복마을 수련 기간 동안에 많은 사람들을 만났습니다.

그런데 놀랍게도 자기 아버지, 어머니를 못된 인간이라고 생각하는 사람이 적지 않았다는 것입니다. 그래도 어머니에 대해서는 조금 덜 합니다. 아버지를 아주 그냥 미운 놈, 나쁜 놈 취급하는 사람을 아주 많이 보았습니다. 자기 부정과 불행의 씨앗을 키우고 있는 것이지요.

어떻게 하면 사람지족이 될까요?

자 그럼 이 문제를 풀기 위해 어떻게 해야 할까요?

어떻게 하면 부모에 대해 주변 사람에 대해 긍정적으로 감사하게 느낄 것이냐, 하는 것입니다. 어찌하면 되겠습니까? 사람지족명상을 해야 합니다.

제일 먼저 부모에 대한 감사명상부터 합니다. 자기 부모가 긍정감으로 느껴지지 않는 상태에서 다른 사람에 대한 지족명상, 감사명상을 한다는 건 어불성설(語不成說: 말이 조금도 사리에 맞지 않는다)이지요.

내 생명의 뿌리가 되는 부모에 대해 감사함을 먼저 느껴야, 사람의 인품 토대가 만들어지고, 다른 사람에 대한 감사와 지족을 할 자격이 생기는 것입니다.

고맙지도 않고 예쁘지도 않은데 어떻게 마음을 바꾸나요? 그냥 한번 해보세요. 마음이 안되더라도 말이라도 자꾸 해보는 겁니다.

명상하는 법은 간단합니다. 생각을 바꾸는 것입니다. 누군가에 대해 싫다. 밉다. 하는 마음을 감사하다. 예쁘다. 로 바꿔보는 것이지요.

'이 두 분, 내 아버지, 어머니는 이 존재를 세상에 숨 쉬면서 살도록 해준 결정적인 뿌리이시니 감사하다. 내가 내 생존을 거부하지 않는다면 내 부모를 거부할 수가 없다.' 하고 부모에 대한 감사명상을 합니다. 내가 부모를 받아들이지 못하는 것은 부모가 나에게 한 부적절한 말과 행동을 했다고 여겨지기 때문입니다.

그러나 그런 행동을 일차원적으로 비판만 하지 말고, 한 꺼풀 제치고 들어가 보십시오. 그러면 양파껍질처럼 그 부모가 그렇게 할 수밖에 없는 많은 과거를 가지고 있습니다. 내가 내 자녀에게 그런 대접을 받지 않으려면, 내가 먼저 부모에 대해 감사함을 표현할 수 있어야 합니다.

부모에게 감사를 하고 나면, 그다음엔 형제와 친척들에게 감사명상을 합니다. 형제와 친척은 보통 인연이 아닙니다. 70억이 넘는 지구인들 속에서 어떻게 우리가 형제와 친척으로 함께 살아갈 수 있게 되었는지를 생각하면, 그 기적적인 인연에 감탄과 감사가 저절로 나오게 됩니다.

그리곤 조상들께 감사를 합니다. 그렇게 내 부모와 내 가족과 내 조상들부터 감사해나가는 것이지요.

명상수련의 깨달음

오래전에 OO스님이 진행하시는 5박 6일 명상수련을 하러 간 적이 있었습니다. 그 때 그곳에서는, 식사와 약간의 쉬는 시간을 빼고는 늦은 밤까지 눈을 감고 고요히 앉아 하는 명상수련이었습니다.

가장 큰 깨달음을 준 것은 먹는 것이었습니다. 하루 두 번 식사를 하고 저녁에는 감자나 과일을 하나씩 주었습니다. 그 두 끼 식사도 그 양이 정말 환상적입니다. 밥은 딱 한 수저, 반찬은 잘 기억이 나지 않는데 아무튼 아주 조금이었지요. 그런데 그 밥 한 수저의 양입니다.

배식 줄이 두 줄인데 한 줄은 수저에 짝 붙게 주고, 다른 줄의 봉사자는 조금 올려 붙여주었습니다. 그것을 발견한 이후, 언제나 조금 붙여주는 쪽에 줄을 섰습니다.

저녁에 감자나 과일을 받을 때는, 미리 어느 것이 큰가를 뒤에서 찜해놓고 내 차례가 되면 얼른 그것을 집어왔습니다.

마지막 날 소감 나누기를 하는데 가장 눈물을 많이 흘리며, 여러 사람이 한 이야기가 부모님에 대한 감사였습니다.

부모님이 그동안 '사랑을 안 해줬다.' '차별을 했다.' '다정하지 않았다.'는 등의 이유로 원망하고 미워했었는데, 나를 이렇게 살아남을 수 있게 먹여 살려주신 것이 정말 감사한 것임을 알게 된 것입니다.

배가 고파 보지 않았을 때는 몰랐던 것을, 배가 고파보니 먹여 살려준 것이 얼마나 감사한 일인지를 깨닫게 된 것이지요. 그 수련으로 인하여 부모님께 가졌던 모든 불만이 그때는 싹 사라져 버렸습니다.

이건 여담인데, 명상지도하시는 OO스님은 명상기간 내내 무엇을 얼마나 드실까요? 음식은 아무것도 안 드십니다. 물만 드시고 단식을 하십니다. 여름에 그런 명상이 보통 2~3회 진행되는데, 내내 단식을 하시며 명상지도를 하시고 상담도 해주십니다. 그리고 며칠 후엔 '고구려 백제 유적지 탐방 중국 여행안내'를 해주시지요. 고개가 절로 숙어질 뿐입니다.

그리고 감사한 사람들

그다음은 학교에서 나를 성장시켜주신 선생님들에 대해 감사명상을 합니다. 요즘은 학교 선생님들을 비난의 대상이지, 감사할 대상이라고 여기지 않는 사람들이 많습니다. 그러나 12년 동안 나를 성장시키는 데 가장 도움을 준 분들은 선생님들이시지요.

우선 담임선생님, 초등학교, 중학교, 고등학교 해서 모두 12명의 담임선생님이 계십니다. 그 담임 선생님들을 한 분 한 분 떠올리면서 감사합니다. 감사한 내용 한 줄을 말하고 '감사합니다.'를 붙입니다.

인문학적 교양을 갖게 해주신, 국어, 역사, 체육, 음악, 미술 등 생각나는 선생님들께도 감사한 이유에 '감사합니다.'를 붙여 감사함을 보내는 것입니다.

그리고 함께 한 급우들, 짝꿍이 되었던 친구들에게도 감사를 합니다. 그 학우들이 나를 오늘 여기에 있게 만든 것입니다. 그 학우들에게 감사합니다. 이것이 사람지족명상입니다.

그리고 살아오면서, 알게 모르게 은인이라고 이름 붙일 만한 분들을 떠올려 감사합니다.

'아, 그때 아무개 님이 나에게 한 마디 해준 것이, 나에게 큰 격려가 되어서 나락에 떨어져 있던 내가 벌떡 일어날 수 있었지. 아무개 그분은 나에게 큰 은인이다.' 이렇게 은인을 찾아서 감사명상을 합니다.

그러다 보면 우리들의 의식공간이 사람에 대한 긍정과 감사함으로 가득 차게 될 것입니다. 나에게 긍정과 감사함이 가득 차면 누가 행복할까요?

인간관을 바르게 하기

끝으로 사람에 대한 인간관을 바르게 갖도록 해야 합니다. 그것이 진짜 행복입니다.

긍정적인 인간관을 위해서, 지난번 나눈 이야기를 다시 떠올려볼까요.

우선 사람 속에 들어 있는 혼을 생각해 보십시오.

"아무개야." 하면 "예." 하고 대답하는 그 신비한 의식, 혼은 얼마나 감사한가.

또 그 혼은 몸이 없다면 있을 자리가 없는데, 이렇게 몸이 있으니 얼마나 감사합니까, 그리고 눈, 코, 입, 손과 발 어느 것 하나 신비하지 않은 것이 있나요?

몸과 혼의 메커니즘은 어떻습니까, 묘하게 연결되어서 혼과 몸이 교류를 하면서 만든 한 생명체의 신비, 또 그 몸이 환경을 접하고 적응하는 메커니즘을 생각해 보십시오.

'인간이란 얼마나 신비한 존재냐!' 내가 사람인 것이 얼마나 기적적인 감사거리인지가, 여러분들 속에 든든한 백그라운드로 자리하게 되시기를 바랍니다.

마무리와 3행시

일출이나 일몰에서 느낄 수 있는 "아~!"하는 감탄과 경이감을 인간 일반에 대해서도 느낄 수 있게 되어야 합니다. 해 뜨는 것 하나에도 "아~" 하는 사람들이, 그보다 억만 배는 신비한 구조를 가진 인간에 대해서 감탄하지 않는다는 것은 우습지 않습니까? 사유가 부족함입니다.

우리들은 사람으로 살고 있고, 사람과 더불어 살아가고 있습니다.

꾸준한 사람지족명상을 통해, 더불어 사는 사람들에 대하여 긍정감과 감사함을 한껏 끌어올리시기 바랍니다.

오늘은 '인간관' 3행시로 마치겠습니다.

인 : 인간에 대해 무한한 긍정적 가치관을 가져보십시오.

간 : 간단히 말하면 사람에게 감사와 존중을 표현해보는 것이지요.

관 : 관계 맺을 수 있음에 감사하고, 존중하며

　　언제나 사람지족명상을 할 줄 아는 인품이 되시길 바랍니다.

고맙습니다. 사랑합니다. 축복합니다. 행복하세요.

본래 비어 있다

온갖

분별과 차별

망상이 끊긴 마음상태

이것이 비아(非我)이다

마음은

본래 비어있다.

빈 마음을 연습해보자

QR코드를 스캔하면 행복특강 강의를
시청하실 수 있습니다.

25강 비아명상
나 없음의 자유 누리기

지난 이야기

지난 시간에는 '사람지족명상'에 대한 이야기를 나눴습니다.

늘 가까이 있는 사람에게는 어떠세요. 감사를 잘할까요? 짜증을 많이 낼까요? 늘 가까이 있는 사람에게는 바라는 것은 많아지고, 존중하는 마음은 적어져서 짜증을 내고 탓을 많이 하게 됩니다.

그래서 그것을 단방에 해결하려는 노래도 나왔지요? "있을 때 잘해." 있을 때 잘해야겠지요.

이미 떠난 다음에 소용없습니다.

사물지족명상에서 말했듯이 '있고 없음의 차이'를 있을 때 알아야 합니다. 소중한 사람이 없어지면 그때서야 그 사람이 감사한 줄을 알게 되면 이미 때는 늦었습니다.

이제 우리는 사람지족명상을 통해 있을 때도 감사하고, 떠난 후에도 감사할 줄 아는 인품이 되어 보아야겠습니다. 불만 사고를 없애기 위해 사물과 사람지족명상을 공부한 것이 도움이 되셨기를 바랍니다.

이제는 비아!

오늘은 번뇌구조의 첫 번째 추락인, '무엇이 있다.' 하는 실체사고를 없애 줄 '비아명상' 이야기 해보겠습니다.

우선, 비아(非我)라고 하면 '내가 아니다.' '내가 없다.' 하는 무아(無我)와 같은 개념입니다. 비아(非我)다, 공(空)하다, 무아(無我)다 하는 것은 비슷한 생각을 담고 있습니다.

존재하는 것은, '그것이 아니다.' '세상에 존재하는 것은 없다.' '세상에 존재하는 것은 다 공하다.'

자칫하면 이 말들은 마치 부정적 논리성을 띈 것처럼 보입니다.

그러나 여기서 비아(非我)다, 공(空)하다, 무아(無我)다. 하는 말은 좋다, 나쁘다는 뜻이 아닙니다. 온갖 분별과 차별과 망상이 끊긴 마음 상태, 탐진치 3독이 소멸한 상태를 이르는 말입니다.

그러니까 비아다, 무아다, 공이다 하는 것은 우리 마음에 장착해야 할 수심체계요, 철학인 것이지요. 이 철학은 인간의 절대적인 행복에 도움을 주기 때문에 필요한 것입니다. 우리는 내가 있다고 여기면 그 있다고 하는 마음으로 인해, 한없는 욕심과 고통과 전쟁이 따라오기 마련입니다.

그렇기 때문에 모든 존재의 고통과 그 관계에서 일어나는 갈등을 원천봉쇄(源泉封鎖)하고 발본색원(拔本塞源)할 수 있는 그런 길이 없겠느냐? 하고 묻게 됩니다.

'나다.' 하는 이 한 생각 때문에 마음 안에 지옥이 만들어지고, 관계에서 전쟁이 생긴다면 그 '나다.'하는 부분을 어떻게 할까요? '나'를 바로 보아야 합니다.

진짜 '나'를 수긍할 수 있어야 합니다. 길은 두 가지입니다.

먼저 없음의 이치를 깨닫는 것입니다. 그다음에는 닦는 것입니다. 선오후수하는 것이지요.

어렵게 깨달은 없음의 이치가 내 것이 되도록 반복 또 반복하여 '아하 정말 그렇구나!'가 되게 하는 것입니다.

그러나 무아나 비아나 공을 쉽게 이해하기는 어려울 수도 있습니다.

이해를 위해 조금 들어가 보겠습니다.

갈등과 고통 속에서 사는 사람들

인류사와 사람들이 사는 모습을 한번 가만히 살펴보십시오.

무엇이 살펴지나요? 물론 관점을 어느 쪽으로 두느냐에 따라 달라지겠지만, 인류사라고 하면 자연스럽게 전쟁의 역사가 보입니다.

이 좋은 지구 위에서, 사람들은 어째서 그렇게 서로 치고받고, 죽이고 하는 그런 삶을 살고 있는가? 하는 안타까운 마음이 드시지요.

그리고 서로 싸우는 것은 제쳐놓는다 해도 세상 사람들이 행복하게 사는가? 살펴보면, 아침부터 저녁까지 동동거리며 바쁘게 온갖 근심, 걱정을 끌어안고 살아가고 있는 것이 보입니다.

물론 이것은 사실의 문제가 아니라, 보는 관점에 따라 해석이 달라지는 문제이기도 합니다. 그렇지만 대체로 그렇게 해석이 된다는 것입니다. 개인적으로 보면 한없는 고통이고 관계적으로 보면 끝없는 갈등과 싸움이 잠재되어 있는 곳이, 사람 사는 세상인 것이지요.

이 대내적인 고통과 관계적인 갈등의 싸움에서 벗어나야 합니다. 그 늪에 그냥 빠져서 이것이 인생이려니 하며 사는 것은 어리석은 일입니다. 벗어나는 방법은 없을까요? 있습니다. 그것이 바로 '비아명상'입니다.

고통의 원인

그러면 이제 벗어나는 방법을 구체적으로 생각해 보겠습니다.

우선 내가 지금 괴롭다고 합시다. 내가 괴롭다고 할 때는 대전제가 있습니다. 그 대전제는 괴로운 '나'가 있다는 것입니다.

'나'가 있으니, 그 '나'가 괴로운 것입니다. 그리고 내가 괴롭다는 것은, 괴로움의 대상인, '무엇 때문에'가 있게 됩니다. '돈이 없어서 괴롭다, 권력이 없어서 괴롭다, 명예가 없어서 괴롭다.' 하면서 그 돈, 권력, 명예 때문에 괴로워하는 것입니다.

그래서 나라고 하는 존재가 있고, 무엇이라고 하는 대상이 있어서 그 '있음' 때문에 괴로움이 진행된다.라는 말입니다.

관계도 마찬가지입니다. 내가 있고 네가 있기 때문에 관계가 맺어지는데, 내 이기심과, 너의 이기심의 충돌로 다툼과 갈등이 일어나는 것이지요.

알고 보면 '내가 있다.'는 전제가 있기에 그 일이 일어나는 것입니다.

그래서 이 '나'에 대한 작업을 해야 합니다. 어떻게 해서든지 이 존재가 근본적으로 해탈 구원될 수 있는 길을 찾아 나서야 합니다.

우리들이 살아가면서 끝내 '내 혼이 우주적인 평화로움, 우주적인 고요함, 우주적인 탁 트인 자유로움으로 살고 싶소.' 하는 마음이 든다면, 지금 하고 있는 이 이야기에 귀를 기울여야 합니다.

나라고 할 만한 것이 없다

이 '나'라고 하는 것이 있기 때문에 괴롭다고 한다면, 내가 도대체 어떤 존재인가? 하고 그 나를 바로 보아야 하겠지요.

'나'라는 존재를 바로 세심히 살펴보면, 그리도 '나, 나, 나' 하며 잘난 척을 하고 살았는데, 어이없게도 이 '나'라고 하는 존재는 어머니 아버지 없이는 존재하지 못합니다. 할아버지 할머니 없이도 존재하지 못합니다.

그러니까 이 '나'라고 하는 존재는 세심히 뜯어보면 볼수록, 다른 모든 것과 관계 맺음으로써 존재하는 것이지 혼자 존재할 수는 없다. 는 사실이 점점 고개 끄덕여집니다.

그러면서 '내가 나, 나' 하면서 이 몸을 유일무이한 존재로 생각했는데, 독자적으로 '나'라고 할 만한 것이 없구나! 이것을 '나'라고 하려면 다른 것들을 합해서 '나'라고 해야 되겠구나!하는 자각에 눈을 뜨게 됩니다.

또 내 몸을 따지고 들어가 보아도 마찬가지입니다. 몸속으로 따지고 들어가면 심장과 폐와 위장, 대장, 세포, 근육, 뼈대 등등이 서로 얽혀 관계를 맺음으로써 이 몸이 성립된 것이지, 어느 것 하나만 딱 끊어서 '심장이다, 위장이다.'라고 할 수가 없겠구나! 하는 것이 선명하게 드러납니다.

그리고 어마어마하게 거대한 우주도, 뜯어보면 존재하는 모든 것들은 다른 모든 것들과 관계를 맺음으로써만 존재한다는 것에 대한, 깊은 자각(自覺)이 오게 됩니다.

이 자각(自覺)이 깊어지게 되면, '진짜 나라고 할 만한 것이 없구나!'가 더 확연해지게 됩니다. 이것이 확연해지면 절로 나, 나 하는 고뇌가 사라져 버리게 되는 법이지요. 이 고뇌의 사라짐을 깨달음이라 하고, 해탈이라 합니다.

이것이 비아명상의 실체입니다.

여러분들이 진정 자유로워지고 싶다면 자아(自我)를 바로 관찰해야 합니다. 그러면 '나'라고 할 만한 것이 없다는 깨달음에 이를 것이고, '나'라는 것에 집착할 것이 없으니, 집착에서 벗어난 대자유를 얻게 될 것입니다.

깨달은 후에 닦기

집착할 것이 없음을 알게 된 것, 이것이 깨달음 오(悟: 깨달을 오)입니다. 그런 다음에는 수(修:닦을 수)하는 것입니다.

누가 이제 "이 새끼야!" 하고 욕을 하면 " 이 새끼야!"의 대상인 '나'가 없으니까 그냥 "으흠"하고 지나가면 됩니다. 그런데 그 순간 속이 확 상해버립니다. 왜 상할까요? 그것은 과거에 '나, 나, 나' 하고 살았던 삶의 습성이 몸과 마음에 배어 있기 때문입니다. 머리로는 깨달았으나 인격화가 아직 덜 되었다는 뜻이지요. 수(修)가 많이 필요한 것입니다.

그래서 먼저 깨닫고 그다음에는 그 깨달음이 인품화가 되도록 시시 때때로 닦아나가야 합니다. 그 깨달음을 반복해주는 것이 닦음입니다.

깨달았던 것을 반복해서 깨닫고 또 깨달아, 깨달음을 반복하는 것이 닦음인 것입니다. "천재란 반복이 낳는다." 닦음, 연습, 반복을 강조하는 말입니다.

한번, 두 번, 세 번 생각하는 과정에서 자아(自我)뿐만 아니라, 경계에 대해 집착하던 마음이 사라져 해탈감을 향유하게 됩니다.

'나'라고 하는 것이 붙어있을 순간이 없음을 확연하게 느끼게 되는 것이지요. 이렇게 인간만이, 가지고 있는 사유의 힘을 총동원 할 수 있으니, 인간으로 태어난 것이 복(福) 중의 복(福)입니다.

예를 들어, 피아니스트가 되려면 어찌해야 되겠습니까?

배워서 알기만 하는 것으로는 될 수가 없습니다. 배운 것을 반복해서 피아노를 치고, 치고 또 쳐야 되는 것입니다.

동네 주먹 대장이 되려 해도, 주먹이 세지는 방법만 알고 연습을 하지 않는다면, 주먹 대장 자리를 바로 내놓아야 합니다.

이처럼 이 '나'로부터 해방되려면 없음의 이치를 깨닫고, 이러저러하므로 나라는 것은 없다. '역시 이래서 없구나, 저래서 없구나.'를 한번, 두 번, 세 번 거듭하면, 그만큼 나,나, 나 하던 것이 사라져 버리겠지요.

또 여기에 굉장히 효과적인 방법이 하나 더 있습니다. 조용하게 마음을 가라앉히고 몰입하는 선정 상태의 수련을 집중적으로 심도 있게 시간을 내어서 하는 것입니다. 집중적으로 수련하여 빠른 시간 내에 '나'를 확 사라지게 만드는 것입니다. 물론, 비아의 이해와 깨달음이 선행되어야겠지요.

3가지 명상법

 존재하는 모든 생명은, 태어났다가(생生), 잠시 머물렀다가(주住), 한동안 변화를 반복하다가(이異), 사라지므로(멸滅) 나라고 할 것이 없습니다.

 오늘의 내가 내일도 존재한다고 생각하면 '나'라는 실체가 있게 되고 '나'에 대해 집착하는 마음이 발달하게 됩니다.

 그러나 오늘의 '나'를 보되, 얼마 후에 필연적으로 '사라져 없을 상태'를 동시에 받아들여 보는 것입니다.

 잠시 후 사라져 영원히 없을 존재가 아닌가? 반복해서 사라져 없는 상태를 상상해보는 것입니다.

 어리석은 사람은 '나'라고 하는 존재가, 어제도 존재했고 오늘도 존재하고 내일도 존재할 것이라고 막연히 생각하면서, '나'에 대한 집착에서 벗어나지 못합니다. 그러나 언젠가 사라져 없을 상태를 자각하게 되면, 내가 존재로서 어떤 역할을 할지언정, 실체시(實體視) 하면서 집착에 빠지지는 않을 것입니다.

 또 "내가 있다." 하는 것은, 하늘의 무수한 별 중에 상당수의 별이 이미 사라지고 없는데도, 우리 눈은 사라진 별의 잔상을 보면서, 그 별들이 지금도 존재하는 것으로 여기는 것과 같습니다.

 오늘 낮에 나를 괴롭혔던 어떤 일도, 저녁이면 이미 잔상(殘像)일 뿐입니다. 그 잔상을 붙들고 괴로워하고 있는 것입니다. 심한 사람은 1년이 지나고 10년이 지나서, 상대는 이미 기억조차 못 하는데 그 일을 떠올리며 수시로 혼자서 괴로워합니다. 그런 어리석은 짓은 할 필요가 없다는 것이 확연한데도 말입니다.

 '과거의 나는 이미 지나갔으니 없고, 미래의 나는 아직 오지 않았으니 없으며, 현재의 나는 찰나무상이니 없습니다.' 그리고 존재하는 것들은 대체로 여러 가지 요소들이 임시로 어우러져 그것인 법이니 실체가 없는 것입니다.

그런데 임시로 어우러져 있음을 간과한 채, 존재하는 그것을 '그것!'으로 실체시, 가치시하고는 집착하는 것이 인간의 커다란 어리석음입니다. 임시로 어우러져 있다는 것은, 눈앞의 현상이 곧 그 존재의 실체가 아님을 뜻합니다.

다이아몬드는 탄소의 가합물이요, 물은 H_2O, 수소와 산소의 가합물이요, 우리 몸은 지(地)-수(水)-화(火)-풍(風)의 가합물일 뿐입니다.

이 건물은 어떠합니까? 시멘트와 모래와 철근과 물과 자갈의 가합물일 뿐입니다. 이름이 건물인 것이지 어느 것도 건물이라고 할 것이 없습니다.

마무리와 3행시

우리들의 고통과 갈등의 뿌리는 '나다!' 하는 마음 하나에서 다 나온 것입니다. 진정으로 대 자유를 얻고 싶으면 그 '나다!' 하는 부분을 바로 보아, 나라고 할 만한 것이 진정 없구나! 하는 것이 고개 끄덕여지도록 해야 합니다.

자유감을 한번, 두 번, 세 번 경험하다 보면 눈을 뜨게 됩니다. 인생에서, 자유로운 느낌에 눈을 뜬다는 것 자체가 중대한 깨달음의 하나가 됨을 거듭 강조합니다.

자아라는 분별의식에서 벗어나야 합니다. 비아명상이 대자유의 삶을 사는 데 도움이 되시기를 빕니다.

오늘은 '대자유' 삼행시로 마치겠습니다.

대 : 대자유는,

　　사유할 줄 아는 인간만이 깨닫고 누릴 수 있는 특권입니다.

자 : 자아라는 좁은 틀에서 벗어나

유 : 유유자적하며 인생을 즐기는 대자유인이 되시길 바랍니다.

　　고맙습니다. 사랑합니다. 축복합니다. 행복하세요.

여기까지가 내 몫

죽음명상을 한다.

그런데
편안히 죽을 수가 없다.
하고 싶은 것들이
이것, 저것 남아있어서이다.

그럴 때는
'여기까지가 내 몫이다.' 해보라
정리가 될 것이다.

흐르는 대자연이 있을 뿐,
'나고 죽는 내가
어디에 있겠는가?'

이렇게 익어지면
죽음으로 인한
불안은 점점 사라진다.

-용타-

26강 죽음명상
탐심을 놓고 잘 죽는 법

지난 이야기

지난 시간에는 '비아명상'에 대한 이야기를 나누었습니다.

비아, 무아, 공에 대한 이야기가 이해되고, 마음 공간을 넓히는 데 도움이 되셨나요?

나라고 할 만한 것이 없다고 생각하면, 누가 뭐라고 해도, 나에게 어떤 어려운 일이 일어나도, 화를 내거나 욕심을 부리던 일이 조금은 줄어듭니다.

나무가 나무로 살 수 있는 것은, 물과 햇빛과 땅과 그 밖의 많은 것들이 있어서이지, 결코 나무가 혼자서는 존재할 수 없습니다.

나라는 존재도 그와 같이, 혼자 살아갈 수 없으니 나라고 할 만한 것이 없는 것이지요. 그래서 나도 나의 역할을 즐겁게 잘하여 '노나메기'하며 살다 가자 하면 욕심부리고 집착할 것이 없어집니다.

오늘 할 이야기도 '노나메기' 잘하고 떠나자는 이야기입니다.

노나메기란 순우리말로, 너도나도 일하고 너도나도 잘 살되, 올바르게 잘 살자. 하는 뜻입니다. 백기완 선생님의 책 제목이고, 철학이고 사상이지요.

죽음명상의 필요성

오늘은 번뇌구조의 '욕구'를 척결하기 위한 수심체계인 '죽음명상' 이야기를 나눠보겠습니다.

죽음명상은 왜 필요할까요?

지난주에는(2021.2.15.) 이 시대 민주화와 민중의 정신적 지도자이셨던, 백기완 선생님이 돌아가시고, 패륜의 극치를 보여준 방용훈이 죽었습니다. 이렇게 죽음은 태어남과 마찬가지로 우리의 일상이기 때문에 공부를 하고 명상을 해야 하는 것입니다.

일상이라고 하니 '죽음명상'이라는 말의 거부감이 줄어드시지요?

누구나 삶의 끝에 가면 맞이하는 것이 죽음입니다.

그런데 우리는 남의 죽음에 대해서는, 당연히 그런 상황이 되면 죽는다는 것을 알면서도, 나는 예외라는 생각을 하며 살게 됩니다.

그래서 우리는 자기 죽음에 대해 제대로 생각도 준비도 안 하고 그냥 살다 떠나는 경우가 거의 대부분입니다. 남아있는 사람은 더욱더 슬프고, 간 사람의 뒷모습은 안타깝습니다.

결혼 준비, 명절 준비도 미리 하고, 여행을 떠나려면 여행 준비도 미리 하듯이 죽음에 대한 준비를 미리 해둔다면 어떨까요? 그러면, 가는 사람은 생의 마무리를 잘하고 가니 가볍고, 남은 사람은 헤어짐으로 인한 고통을 줄일 수가 있습니다.

그리고 살아가는 소중함에 눈을 뜨게 되니 하루하루를 더욱 즐겁고 행복하게 살아갈 수가 있습니다. 이렇게 살아가는 자에게는 죽음명상이 꼭 필요합니다.

죽으려니 걸리는 것들

그럼 죽음의 걸림은 어떤 게 있을까요?

지금 죽음사자가 와서 저세상으로 가자고 하면 "안 돼. 아직 못한 것이 있어서 갈 수 없어." 하는 것들이 잡힐 것입니다. 그것이 바로 '걸림'입니다.

현실에서 내가 의식을 하든 못하든 간에 걸릴만한 일들이 많이 있습니다. 걸리는 일들이 있는 정도만큼 나는 부자유한 속에서 살고 있는 것이지요.

걸림의 정도만큼 나는 무엇인가를 내 것이라 움켜쥐고 집착하고 있다는 뜻이기도 합니다. 죽음의 사자가 와서 가자고 할 때, 이것 때문에 저것 때문에, 또 그것 때문에 "아이고, 안 되겠어." 하는 상황이 된다면 이것, 저것, 그것은 나의 걸림입니다.

이 걸림을 그냥 가지고 있다고 하면 어떻겠습니까? 불이익이 많습니다.

첫 번째, 나와 관계 맺은 많은 사람과 일에서 애착과 갈등으로 문제를 일으키게 되고, 두 번째 걸림을 가지고 있는 정도만큼 지금, 여기, 온전한 자유를 살지 못하게 됩니다. 믿거나 말거나 세 번째, 걸림 때문에 자신이 태어나고 싶은 곳에 자유스럽게 태어나지 못한다고 합니다.

걸려있는 쪽으로 가게 된다는 말이지요.

그런데 죽음명상을 통해서, 걸림을 정리해버리면 어떻겠습니까?

지금 죽음사자가 와서 "가자!" 할 때, "음, 그래 가지." 하는 걸림 없는 상태가 된다면 참으로 삶이 가볍고 자유롭겠지요.

죽음명상, 실감 나게 한다

그러면 죽음명상은 어떻게 하면 좋을까요?

죽음명상을 해보면 자기 속에서 평소에 생각지 못한 많은 깨달음이 생깁니다. 죽음명상은 죽은 체해보는 것이 아니라, 죽음을 상상으로 생생하게 체험하는 것입니다. 어떻게 하면 제대로 체험이 될까요?

그러기 위하여 몇 가지 유념점을 제시해드리겠습니다.

첫 번째 죽음명상의 유념점은 실감나게 하는 것입니다. 저승사자가 와서, 가자고 하는 상황을 만들어봅니다. 드라마의 장면처럼 실감이 나도록 하는 것입니다. 실감(實感)이 나는 정도만큼 진정성 있는 죽음명상이 됩니다. 실감 나는 명상법 3가지를 소개해드리겠습니다.

제 아버님께서 16세 때 학질로 인해 사경을 헤매고 계셨는데, 꿈에 돌아가신 할아버지께서 방문을 열고 밖에서 이름을 부르며, "이제 그만가자." 하시더랍니다.

비몽사몽간에도 할아버지는 돌아가셨는데 '따라가면 나도 죽는 것 아냐?' 하는 생각이 들어 싫다고 하셨답니다.

그렇게 3일을 내리 오시더니 마지막 날 "에이 그럼 할 수 없지!" 하고 가시더랍니다. 다음날부터 병세가 호전되어 75세까지 사셨습니다.

집에서 조용히 눈을 감고 앉아 이런 상황을 만들어 해보는 것입니다.

갑자기 쓰러져 응급실에 실려 갔는데 저승사자가 와서, "이제 그만 저 세상으로 가자. 넌 그만 이곳을 떠나야 해"하며 나를 데려가려 합니다.

그때 나는 무엇 때문에 가지 못하겠는지 떠올려 보는 겁니다.

또 고속도로에서 교통사고가 났는데, 뺑소니로 인해 죽어가고 있는 상황. 그렇게 진짜 죽을 상황에 처하니 어떤 이유로 죽을 수 없다고 억울해하는지 직면해 보는 것입니다.

그런데 그냥 명상 삼아서 한번 해보는 거야. 죽음 사자가 와서 가자고 한다고? "그래, 그럼 가지. 뭐" 이렇게 하면 안 됩니다. 진짜 죽음이 닥쳐와서 "가자!"라고 할 때, 죽음의 실감도를 높이면 높일수록 무엇이 나를 가로막고 있는지가 선명히 보입니다.

죽기 싫은 이유 직면하기

두 번째 유념점은, 죽으면 안 되겠다는 이유와 직면(直面)하는 것입니다. 효자인 사람은 나는 노부모(老父母) 때문에 못 간다하고, 자식 사랑이 넘치는 사람은 자식 때문에 못 간다고 합니다. 부모 자식뿐 아니라, 그 무엇을 놓고 가야 한다고 해도 지금 죽게 되었다고 하면 자신의 역할은 거기까지이고, 지금은 가게 되어 있을 뿐입니다. 노부모를 찾고 자식을 찾고 할 수가 사실은 없는 것입니다.

'무엇 때문에 안 돼.' 할 때의 그 무엇은 자기 속에 들어 있는 욕심이고 집착이며 어리석음입니다.

어린 딸 때문에, 90세인 노부모 때문에, 돈을 아껴서 모아 두었는데, 그 돈을 못 쓰고 죽는 것이 억울해서 못 죽겠다고도 합니다. 지금 연예 중인 한 청년은, 곧 결혼할 것인데 결혼 못 해보고는 절대로 못 죽는다고 합니다. 죽지 못할 이유는 많이 있습니다.

직면해서 죽지 못할 이유를 적어봅니다. 걸림이 아주 많을 것 같아도 적어보면, 대개 두세 개, 많아야 다섯 개 정도입니다.

생각의 전환과 해탈

이렇게 걸림을 쓰고 나면 세 번째 유념점이 있습니다.

명상 속에서, 그 걸린 것들을 생각의 전환(轉換)을 통해 해결해 보는 것입니다. 나를 가로막고 있는 것은 어떤 '사실'이 아니라, 사실이라고 여기는 내 '생각'입니다. 그 생각을 바꿔보는 것입니다.

내가 죽게 되면 노부모님을 돌볼 사람이 없으니, 나는 죽음을 받아들이기가 어렵다하는 그 생각을 전환하는 것입니다.

어떻게 전환할 수 있겠습니까? 상상력을 총동원해서 내가 없으면 오히려 그 일이 잘 해결될 것으로 전환해보는 것입니다. 나 아니면 안 될 것 같지만, 사실 이 세상은 내가 없어도 알아서 잘 돌아갑니다.

'내가 죽으면 어머니는 슬픔으로 거리를 헤매게 될 것이다. 그런데 거리를 헤매다가 자비로운 스님을 만나거나, 사랑을 실천하는 목사님을 만날 수 있다. 어머니가 목사님을 따라가면 천국에 갈 것이고 스님을 따라가면 극락에 갈 수 있을 것 아니냐, 천국에 가든지 극락에 갈 수 있는 내 어머니의 길을 내가 지금 꽉 막고 있는지도 모르겠다.'

이렇게 생각을 전환하는 것입니다. 돈을 못 쓰고 죽는 것, 결혼 안하고는 못 죽겠다는 것, 다 전환할 수 있겠지요.

네 번째 유념점은 전환이 되는 순간에 움켜쥠에서 벗어나, 안도와 해탈감을 느껴 보는 것입니다. 생각을 전환해보면 안될 만한 일이 없습니다. 나 아니면 안 된다는 속박에서 벗어나야 해탈이 되는 것이지요.

의미의 발견

그리고 죽음명상을 하고 나면 다양한 의미가 발견됩니다.

'내가 가족들을 대단히 사랑하고 있었구나! 내 가족을 이토록 사랑하고 있음을 이제라도 알았으니 잘하며 살아야겠다!' 다짐을 하게 됩니다.

또 '잘살아 보겠다고 죽기 살기로 돈을 벌었는데, 죽기 살기로 돈을 벌다 죽어버리면 억울한 일이구나! 돈만 있으면 뭐 하나? 가족들과의 시간을 좀 더 가져야겠어. 예쁜 여자친구, 내가 없다면 더 좋은 사람과 만날 수도 있을 텐데 나를 선택해줬으니 정말 고맙다. 더 사랑하며 잘해주어야겠다.' 이렇게 의미 발견과 더 나은 삶의 방향이 찾아지게 됩니다.

실감, 직면, 전환, 해탈 그리고 의미(意味)발견, 이 다섯 가지를 유념하면서 죽음 명상을 수시로 해보는 것입니다.

누구를 위해서일까요?

살아있는 나와 우리 모두의 행복을 위해서입니다.

죽음명상은 얼마나 할까요?

그러면 죽음명상을 얼마나 하면 좋을까요? 준비는 많이 할수록 행사 치를 때 아주 수월하지요.

"아무리 못 해도 하루에 한 번 하십시오."

"아이고, 나는 그렇게 못 합니다."

"그러면 일주일에 한 번은 하십시오." "그것도 못 합니다."

"그러면 한 달에 한 번은 하십시오." "그것도 못 합니다."

그러시면 지금처럼 그냥 그렇게 사시면 됩니다. 세상의 이치는 명백하거든요. 내가 준비한 만큼 결과가 돌아옵니다. 편안하게 죽는 것과는 인연을 끊거나, 삶의 소중함을 그럭저럭 알고 사시면 됩니다.

그러나 죽음명상을 못 하겠다 하는 것은 안타까운 일이지요.

우리는 언젠가 다 죽습니다. 그 언젠가가, 오늘이 될지 내일이 될지는 아무도 모릅니다.

죽을 때 후회하지 않고, 삶을 마음 먹은 대로 누리며 살 수 있는 '죽음명상'을 꼭 해보시기를 권해드립니다.

마무리와 삼행시

죽음명상, 이렇게 하면 쉽습니다.

매일 잠자리에 들 때 그것을 '죽음'이라고 생각합니다. 내일 못 깨어난다면 무엇이 아쉬울까 떠올려 봅니다. 매일 하다 보면 큰 것은 골라 유서로 써놓을 수 있고, 수시로 이야기도 나눌 수 있습니다. 그러다 소소한 걸림이 생각납니다.

'오늘 자다 죽을 수도 있는데 아까 아들에게 쓸데없이 화내고 소리를 쳤구나.' 그럴 때 당장 일어나서 사과를 하는 것입니다.

"아들아, 아까 소리쳐서 미안해. 앞으로 조심할게. 미안해. 사랑한다.

잘자." 이렇게 걸리는 것은 즉시 해결합니다. 밖에서 있었던 걸림을 찾았다면 그 걸림을 직면해보고, 걸림을 풀 방법을 생각하고, 의미를 발견하고 잠자리에 듭니다.

아침에 눈을 뜨면, 어제 아쉬웠던 것이 오늘은 아쉽지 않도록 살아보자 마음먹습니다. 그리고 실천해보는 것이지요. "앗싸, 오늘도 하루라는 선물이 나에게 주어졌구나! 최선을 다해 즐겁게 살아보자."

죽음명상이 삶 속에서 습관으로 자리 잡는다면, 욕심과 집착의 어리석음에서 벗어날 수 있습니다. 죽을 수 있는 마음 상태로 끝나는 것이 아니라, 걸림이 없는 상태가 되어 삶과 죽음에 대해 자유로워지는 것이지요.

죽음명상에서 유념할 것은, 행복하고 즐거운 삶을 위하여 할 수 있는 만큼 노력하며 살다가, 자연스럽게 가야 한다는 것입니다.

연어가 힘들다고 알 낳으러 오는 것을 포기하고 바다에서 죽어버리면 자연의 질서는 어떻게 될까요?

어떠한 상황에서도 자연스럽지 않은 죽음은 자신에 대한 살인행위이며 그 대가가 반드시 따른다는 것을 명심해야 합니다. 꾸준히 한 죽음명상이, 삶의 소중함과 사람의 소중함을 느끼고 살게 해주며 삶의 여유와 자유를 가져다줄 것이라 믿습니다.

오늘은 '소중함' 3행시로 마치겠습니다.

소 : 소중함을 아는 삶을 위하여 죽음명상이 필요합니다.
중 : 중요한 것은 늘 연습을 해서 내 것으로 만드는 것이지요.
함 : 함께 행복하게 살아가는 소중한 삶을 위한, 죽음명상 만세!

고맙습니다. 사랑합니다. 축복합니다. 행복하세요.

돈망명상

그냥 있음
분별, 시비, 집착 없이
그냥 있어 보는 것

아공법공
걸릴 것이 없음을 아는 것,
걸림 없이 그냥 깨어있는 것

현실수용
지금 일어나는 느낌과 상황을
가치판단 하지 않고
그대로 받아들이고
느껴주는 것

이것이 돈망명상이다.

QR코드를 스캔하면 행복특강 강의를
시청하실 수 있습니다.

27강 돈망명상
지금 여기, 그냥 깨어있기

지난 이야기

지난 시간에는 '죽음명상'에 대한 이야기를 나누었습니다.

누구에게나 죽음은 찾아오는데, 언제가 될지 아무도 모릅니다.

죽음은 아니지만 제가 지난주에 갑작스레 어떤 일이든 일어날 수 있다는 것을 경험했습니다.

봉사단 수업 잘하고 강의 마치고 쌩쌩하게 저녁까지 잘 먹고 갔는데, 갑자기 자다가 고개를 돌릴 수가 없어, 잠을 잘 수도 없었고 일어날 수도 없었습니다. 밤새 끙끙대다 병원에 다녀왔습니다. 내가 알지 못하는 어떤 원인이 있었겠지만 정말 당황스러웠습니다.

오늘 여러분을 이렇게 다시 만날 수 있음이 기적이고 감사할 뿐입니다.

세상만사 1%의 공짜도 없습니다. 내가 지은 대로 결과는 100% 내게 돌아옵니다. 죽음은 항상 삶과 함께 합니다. 그리고 죽음 준비는 살아있을 때 하는 것입니다.

돈망(頓亡)이란,

이 시간 공부주제는 '돈망(頓亡)'입니다. 번뇌구조를 척결하는 최고의 명상법이지요. 오늘은 '돈망'이 무엇인지 제가 이해한 만큼 전하도록 하겠습니다. 여러분들도 이해되시는 만큼 들으시면 됩니다.

돈(頓) 이라는 말은 시간을 초월한다.라는 말이고, '망'은 '잊어버릴 망(亡)'자로, 이것은 없다. 라는 뜻입니다. 잊는다는 뜻도 좋으나, 없다는 뜻을 더 강조하면서 쓴 개념입니다.

그래서 돈망(頓亡)이란 '시간을 초월해서 이미 없다.'라는 의미입니다.

돈망은 그냥 있는 something이되, 마음속에 상(相)으로 잡혀 드는 무엇이 아니라는 뜻입니다.

또 시간적인 차원에서 우리들은 수 없는 것을 기억하게 됩니다만 알고 보면 기억하는 그 모든 것은 허상입니다. 허상이기 때문에 기억되는 모든 것을 순간에 다 놓아버린다, 잊어버린다, 하는 개념이 '돈망(頓亡)'입니다.

*돈망 : 일체의 걸림 없는 자유 의식, 현실수용과 아공법공
　　　(나도없고 대상(세상)도 없음)을 전제한 깨어있음,
　　　개념 이전의 의식, 해탈의식.

돈망의 필요성

우리가 사는 것을 가만히 살펴보면, 정말로 다양한 차원을 넘나들면서 살고 있습니다.

"너는 누구냐?" 하고 묻게 되면, 아버지를 대할 때는 딸, 혹은 아들이라는 차원에서 삽니다. 아들이나 딸 앞에서는 부모라는 차원에서 살게 되지요. 직장에 가면 그 직책에 걸맞게 불리며 거기에 맞는 차원에서 살게 됩니다. 이렇게 누구나 여러 차원을 넘나들면서 사는 것이 인생인 것입니다.

그런데 내가 어떤 차원을 선택할 것이냐 하는 것이 문제입니다. 내가 어떤 차원을 선택하게 되면 그 선택한 차원으로 살아가는 것입니다.

돈망도 차원의 하나입니다.

돈망을 선택할 것인가, 다른 가치관에 머무르는 번뇌를 선택할 것인가에 따라, 완전히 다른 삶을 살게 되는 것이지요.

돈망의식을 확보하지 못하고 개념권에 머물러 있다면, [있다-좋다-싫다-쌍]의 지옥놀음과 싸움이 불가피합니다.

곧 돈망의 있고 없음은, 자유의 있고 없음이요, 싸움의 있고 없음이기에 꼭 필요한 것입니다.

어떤 차원의 선택

억만 가지 차원 중에서 어떤 차원을 선택해서 들어갔더니 불덩어리를 손에 쥔 것과 같은 고통이 느껴졌다면, 다시는 그 차원을 선택하지 않을 것입니다.

그런데 다른 차원을 선택했더니 아주 행복해졌다면, 우리는 행복해지는 차원을 선택합니다. 행복을 끌어오는 차원을 선택하게 되는 것이지요.

마약을 한 두 번 해봤더니 그 차원이 괜찮아서 계속 마약을 선택하게 됩니다. 하지만 좋지 않은 것을 선택해 몸에 익었다 하면 그 중독(中毒)으로 인하여 자신을 죽이고, 자기 주변을 다 죽이는 사태가 벌어지게 됩니다. 그렇다면 우리는 어떤 차원을 선택해야겠습니까?

세상살이에 다양한 차원이 있다고 해서 다 선택해서 살 수도 없고 살아서도 안 됩니다.

여기에 A라고 하는 차원이 있는데, 그 A라고 하는 차원을 선택하니 무한 행복이 온다면 그 A차원은 선택할 만하지요.

돈망이 바로 그 A차원입니다. 돈망이라는 차원을 선택하면 무한 행복, 무한 자유를 확연하게 체험하게 됩니다.

돈망이란,

그러면 돈망이란 정말 무엇이냐, 하고 묻게 되겠지요. 사람은 태어나서 죽을 때까지, 계속 무엇인가를 하며 삽니다.

그런데 돈망이라고 하는 차원은, 하고 있는 '모든 것을 하지 않고 있는 차원'이라고 이해하면 됩니다.

사람은 무언가를 늘 하며 살고 있는데, 돈망은 아무것도 하지 않는 것입니다. 우리가 만일 아무것도 하지 않는 차원을 경험해낼 수만 있다면 무한 행복이 이루어진다고 했습니다. 만만한 일이 아니라도 해보시면 좋겠지요.

그런데, 스승님께서는 준비만 되었다면 5분 안에 다 체험할 수 있다고 하셨습니다.

그 말씀을 믿고 돈망명상을 꾸준히 해보기를 권해드립니다. 그냥 있음, 아공법공, 현실수용 3관의 꾸준한 명상을 통해, 그 의식을 내 것으로 만들어 자유와 해탈을 누리시길 바라며 하나씩 소개해드리겠습니다.

돈망 1관, 그냥 있음

돈망1관 '그냥 있음'은, 돈망을 체험하게 하는 짧고 강력한 안내 문구 중 첫 번째입니다.

그냥 있어 보세요. '분별-시비-집착' 없이 그냥 있어 보는 것입니다. 무엇이 생각나면 그런 줄 알고 '그냥 있음'으로 돌아오면 됩니다. 생각이나 감정이 일어났음을 알아차리고 '그냥 있음'으로 돌아오는 것입니다. '그냥 있음'으로 있을 수 있는 만큼이 '돈망'입니다.

사실 제1관인 '그냥 있음'을 제대로 하게 된다면 그것이 돈망의 전부입니다. 그러나 실제로는 그냥 있기가 만만치 않습니다.

그래서 '그냥 있음'에 보조방편이 필요합니다. 보조 방편은 다양하게 있지만, 돈망2관과 3관이 '그냥있음'을 돕는 0번 보조 방편입니다.

만일 여러분들이 '그냥 있음'을 어느 수준 이상으로 향상될 때까지 관행(觀行)했다고 하면, 그 무한 OK가 이 마음에서 바로 느낌으로 일어날 것입니다.

돈망 2관, 아공법공(我空法空)

다음은 돈망 2관의 '아공법공'입니다.

비아명상에서 공부한 것을 다시 생각해 보겠습니다. 비아란, '존재로 보이는 것은 그것이 (다가) 아니다.' 이름이 그것일 뿐이다.

존재하는 것들은 여러 부분이 모여서 하나인 것처럼 존재합니다. 전체를 부분으로 나누어 보면, 처음에는 실체로서 존재하고 있는 것처럼 보이던 것이 그것이 아니었다는 것을 알게 됩니다.

마차를 분해하면 '마차'는 사라지고 연결돼있던 부속품만 보입니다.

무아란, 세상에 홀로 존재하는 것은 없다. 이것이 있어야 저것이 있고, 이것이 없으면 저것도 없다. 존재계는 모두가 한 덩어리 유기체로 그 어떤 개체도 연결의 고리를 끊어내고 홀로 독립적으로 존재할 수는 없습니다.

쉽게 우리의 몸을 생각해볼까요? 머리만 보아도, 몸이 없는 머리가 존재하겠습니까? 이것이 있어야 저것도 있는 것입니다.

공하다, 세상에 존재하는 것은 텅 비어있다. 하는 것은 과학으로 증명이 됩니다. 백만 배 이상의 전자현미경이 개발되어 1cm의 구슬을 10km 정도로 확대해보면 삼라만상이 모두 텅 빈 허공일 뿐입니다.

어떤 존재를 실체로 여길 때는 그것이 분별-시비-집착의 대상이 되지만, 비실체로 여긴다면 그러한 대상이 되지 않습니다.

이것이 돈망 제2관의 아공법공(我空法空)입니다.

알고 보면 보이는 것, 느끼는 것 모두가 환상인 것이지요. 환상에 걸릴 것이 없음을 아는 것, 걸림 없이 그냥 깨어있는 것이 할 일의 전부인 것입니다.

곧 해탈을 하려면 걸림이 없어야 하고 걸림이 없어지려면 '걸릴 것이 본래 없음', '아공법공(我空法空)'을 깨달아야 합니다.

그런데 눈과 귀를 열자마자 걸리는 것이 억만 가지입니다. 세상이 온통 걸릴 거리입니다. 어찌해야 할까요? 이 세상을 바르게 통찰하면 됩니다.

수행을 통하여 아공법공의 깨달음을 얻는 것이 바른 통찰입니다. 바른 통찰로 공(空)을 깨닫기만 하면 '해탈이라는 걸림 없는 자유'와 인류구원의 축복이 모두에게 내릴 것입니다.

모든 존재는 알고 보면 난로 위의 물방울과 같습니다. 증발하는 데 몇 초가 걸리던가요? 순간 후에 증발할 물방울이 "나는 물방울이다."라고 자신의 정체성을 주장할 수 있을까요?

이와 같이 존재하는 모든 것은 한순간에 변하므로 그 무엇으로 고정하여 실체시할 수 없습니다.

또 다른 측면에서 자동차를 살펴보면, 무엇이 자동차일까요? 자동차의 기능을 해야 자동차인데, 그 기능이 제대로 되려면 수천 가지 부품 중 단 한 가지라도 빠지면 안 됩니다. 바퀴 하나만 없어도 자동차는 굴러갈 수 없습니다. 부속품이 모두 있어야 제 기능을 합니다.

이 세상이 있어 보이나요? 있어 보이는 정도만큼 우리들이 넘어야 할 산은 높아집니다.

그런데 깨닫고 보면 세상은 없는 것입니다. 우리들이 보고 듣고 느끼는 그대로 이 세상이 있다고 하는 것은 완전 착각에 사로잡힌 것입니다. 세상은 아예 없는 것입니다. 없다고 하게 되면 허무하게 느껴지십니까? 그것이 이 세상의 참모습입니다. 그 참모습을 깨달아야 합니다.

돈망 3관, 현실수용(現實受容)

마지막 제3관은 '현실수용(現實受容)입니다. 현실수용이란, 지금 일어나는 느낌과 상황을 가치판단을 하지 않고 그대로 받아들이고 느껴주는 것입니다.

'그냥 있음'이 상당히 온전할지라도, 거의 자연적으로 '그냥 있음'을 방해하는 심신의 괴로움, 즐거움, 담담한 느낌이 흐르게 됩니다. 이 심신에 흐르고 있는 여러 느낌에 우리는 자동으로 저항하게 됩니다. 달리 표현하면 '이중화살'을 쏘는 것입니다. 이 경우 느낌에 저항하지 않는 것, 곧 이중화살을 쏘지 않는 것은 대단히 중요합니다. 저항하지 않고 느낌을 그대로 수용해야 합니다.

좋은 느낌은 끌어당기고, 좋지 않게 느껴지는 느낌은 밀어내는 것이 사람들의 마음입니다. 끌어당기는 것이나 밀어내는 것이나 다 저항입니다.

여기서 힘주어 강조하는 것은, '느낌을 그냥 그대로 느끼면서 수용해야 한다.'는 것입니다. 모든 현실을 저항 없이 수용하는 것이 현실수용입니다.

만약 감기에 걸려 몸에 열이 느껴지고 머리가 욱신거립니다.

이것을 3단계로 수용하면 좋습니다.

첫 번째, 현재 느껴지는 느낌을 그대로 바라보는 것입니다. 이때 "아, 왜 하필 이렇게 바쁠 때 감기가 걸린 거야."하고 짜증을 내면 이중화살을 쏘는 것입니다. 감기로 몸이 아픈데 짜증으로 마음마저 나빠지게 만드는 것이지요.

두 번째는 그것을 그대로 "음~"하고 맛보듯이 수용을 합니다. 다음은 감기에 걸리게 한 것은 누구일까? 생각해보는 것입니다. 자신입니다. 그래서 세 번째는, '온전히 내 책임이지. 내가 지었으니 내가 달게 받아야지.' 하고 그대로 받아들이는 것입니다.

죽음명상에서 한번 말씀드렸듯이 세상의 이치는 명백하거든요. 자기가 한 만큼 결과는 반드시 그만큼 돌아오는 것입니다.

가정에 우환이 생겼을 때도 마찬가지입니다. 그때의 곤혹스러운 느낌을 그대로 느낍니다. 그리고 그 원인을 곰곰이 생각해보고, 내가 그 일에서 놓친 것이 무엇인지 사유해봅니다.

그렇게 수용한 상태에서 문제 해결 방법을 차분히 생각하고 행동해보는 것입니다. 그리고 다른 방법으로 수용할 수도 있습니다.

첫 번째는 내 책임으로 받아들여서 수용합니다. 두 번째는 우주 님에게 살짝 미뤄 부담감을 해소합니다. 세 번째는 나에게 일어난 우환, 느낌을 그대로 수용해 용해해서, 우주의 한 부분을 정화하는 것입니다.

정말 중요한 것은, 지금 여기의 자기 느낌입니다.

그 느낌이 좋든 나쁘든, 자신이 다 따뜻하게 수용해주라는 것입니다. 그것은 행복 수위를 높이는 데 중요합니다.

그래서 그냥있음, 아공법공, 현실수용하면, 내 마음이 일체의 번뇌놀음을 끊어버리고 그냥 있을 때 오는, 의식 상태가 느껴집니다.

이 의식 상태를 느끼고 깨달았다 하면, 이 세상에 태어나서 마지막 해야 할 일을 마친 것과 같습니다. 가장 큰 깨달음을 얻은 것입니다.

마무리와 3행시

열심히 살아야 합니다. 그러나 일체의 것을 하지 않고 있을 때의 무한성, '돈망'을 깨달으시기를 빕니다. '돈망'을 깨닫는 것은 삶에서 최고최귀의 선물을 받은 것입니다.

오늘은 '무한성' 3행시로 마치겠습니다.

무 : 무한의 차원에서 보면 그 어떤 것도 그것이라는 존재를 찾을 수
　　없으므로 공한 것입니다.
한 : 한없이 존재하는 모든 것들은 서로 어우러져 관계할 때 존재
　　할 수 있습니다.
성 : 성공한 사람도 실패한 사람도, 무한 앞에서는 뽐내거나
　　부끄러울 것이 없는 평등입니다.

고맙습니다. 사랑합니다. 축복합니다. 행복하세요.

참고도서	1. 행복노트	용타지음	행복마을
	2. 마음공부	용타지음	민족사
	3. 생각이 길이다.	용타지음	민족사
	4. 공(空) (공을 깨닫는 27가지 길)	용타지음	민족사
	5. 영혼을 위한 닭고기수프	마크 빅터 한센, 류시화 옮김	푸른 숲
	6. 성찰이야기		학토재
	7. 아론 그대로 행복하라	김재윤	

발행일 _ 2022년 1월 18일

발행인 _ 이종구

저 자 _ 정덕모

미디어 홍보팀 _ 최상국, 이월례, 명다경, 김민진, 노지영, 노승유, 장선경

캘리그라피 _ 글꽃문화연구소 정선영

디자인 콘텐츠팀 _ 양지윤

펴낸 곳 _ 에스엔에스 소통연구소

주소 _ 서울시 종로구 동숭동 1-89 석마빌딩 3층

홈페이지 _ SNS소통연구소 blog.naver.com/urisesang71

소통대학교 snswork.com

책 문의 _ 이종구 010 9967 6654

팩스 _ 0507-090-6654

이메일 _ snsforyou@gmail.com